QUE SAIS-JE ?

La psychothérapie

GUY PALMADE

Dixième édition

70e mille

DU MÊME AUTEUR

La caractérologie (collection « Que sais-je ? », n° 380), Paris, Presses Universitaires de France, 12e éd., 1976.

La psychotechnique (collection « Que sais-je ? », n° 302), Paris, Presses Universitaires de France, 8e éd., 1974.

Les méthodes en pédagogie (collection « Que sais-je ? », n° 572), Paris, Presses Universitaires de France, 10e éd., 1976.

L'unité des sciences humaines, Dunod, 1961.

L'économique et les sciences humaines (sous la direction de G. Palmade, 39 auteurs), t. I et II, Paris, Dunod, 1967.

Interdisciplinarité et idéologies, Paris, Anthropos, 1977.

ISBN 2 13 042815 0

Dépôt légal — 1re édition : 1951
10e édition : 1994, mai

108, boulevard Saint-Germain, 75006 Paris

INTRODUCTION

Il ne serait *a priori* pas impossible de considérer la psychothérapie comme le traitement des troubles de l'esprit. « Toute méthode par laquelle l'esprit peut être changé d'une façon favorable est proprement appelée psychothérapie (1). » Mais il est vrai qu'on peut « changer l'esprit » par des procédés qui ne sont pas psychologiques, ce qui introduirait une certaine hétérogénéité dans le domaine répondant à la définition. D'autre part, ce qu'on appelle esprit ne laisserait pas de soulever un certain nombre de problèmes.

Par contre, il y a une chose que nous pouvons connaître d'une façon directe et souvent satisfaisante : c'est ce que nous faisons. La psychothérapie sera donc définie non pas par son objet, mais par les moyens qu'elle utilise. « L'électrothérapie, l'hydrothérapie ne sont pas des traitements de l'électricité ou de l'eau, mais des traitements par l'électricité et par l'eau, la psychothérapie est un traitement non de l'esprit mais par l'esprit (2). » La psychothérapie est constituée par l'ensemble des traitements psychologiques.

Une définition générale ayant été donnée, on peut se demander s'il convient de parler de « la » psychothérapie, ou « des » psychothérapies. On ne se trouve pas en effet devant un groupe de techniques entièrement hiérarchisées et coordonnées, mais souvent en face de théories et de procédés divers qui peuvent même apparaître antagonistes.

Cependant l'ensemble des psychothérapies se distingue très nettement par le caractère psychologique des thérapeutiques, et dans une perspective

(1) Béatrice M. Hikle, citée par Janet, *Les Médications psychologiques*, t. III, p. 462.
(2) Grasset, cité par Janet.

psychanalytique on serait en mesure de rendre compte d'une bonne partie des processus qui s'y trouvent en œuvre. Une certaine unité de cet ensemble peut ainsi être envisagée. Ceci n'exclut pas les problèmes qui peuvent se poser à l'intérieur de celui-ci.

Nous avons fait figurer au début de ce livre une brève description des différentes névroses et psychoses ainsi que des thérapeutiques psychiatriques non psychologiques. Ce résumé permettra au lecteur qui ne connaîtrait pas ces sujets, ou n'en aurait qu'une connaissance trop imparfaite, de s'en faire une idée suffisante pour une bonne compréhension du corps de l'ouvrage (nous l'espérons).

Nous n'avons pas voulu organiser notre plan autour de conceptions théoriques ou méthodologiques. Ces conceptions n'auraient pu en aucun cas être assez immédiates pour nous éviter de longs développements. Dans ces conditions nous suivons une progression qui a l'avantage de correspondre à une évolution historique tout en n'excluant pas un certain développement logique. On nous reprochera peut-être de ne pas avoir accordé une importance suffisante à la psychanalyse. Mais il existe déjà sur ce sujet de multiples ouvrages d'initiation, et ceci nous a permis de simplifier bien des passages.

Nous avons visé à l'objectivité, c'est-à-dire que nous avons essayé de faire figurer tous les procédés psychothérapeutiques d'une importance et d'une intelligibilité suffisantes. Dans ces conditions, nous avons dû souvent poser des problèmes plutôt que les résoudre. Une telle attitude correspondait du reste bien souvent à notre pensée personnelle.

Nous n'avons donné que de brèves indications sur les idées de Jung et d'Adler. Celles-ci nous semblaient beaucoup trop lourdes sur le plan théorique, par rapport à des techniques thérapeutiques qui nous paraissent assez peu différenciées. Or, cet ouvrage tout en étant général vise avant tout les « techniques » de la psychothérapie.

Chapitre Premier

PSYCHIATRIE ET PSYCHOTHÉRAPIE

La psychothérapie peut, d'une part, être considérée comme une psychologie appliquée, d'autre part, comme un des groupes de techniques dont fait usage la psychiatrie, cette partie de la médecine qui concerne les maladies du psychisme. La psychothérapie proposera donc des problèmes de frontière entre médecine et psychologie, dont nous dirons quelques mots à la fin de ce livre. Mais pour l'instant nous devons souligner que, historiquement, la psychothérapie s'est constituée à partir de la psychiatrie, et que, si Freud a conçu et constitué la psychanalyse comme une science et une technique qu'il considérait en grande partie comme autonomes, il n'en était pas moins médecin et a effectué ses découvertes dans son activité médicale. D'un autre côté, antérieurement à Freud, les « médecines » mentales étaient bien des « médecines », pouvant s'adresser du reste à des malades au sens général du terme.

Puisque la psychothérapie est issue de la psychiatrie, il paraîtra donc normal de faire précéder son étude propre par une présentation sommaire des techniques psychiatriques. Cette présentation permettra de se représenter beaucoup plus clairement ce qu'est actuellement le domaine propre de la psychothérapie,

I. — Évolution de la psychiatrie

Pendant une très longue période, dans la société occidentale, les maladies mentales isolaient entièrement les sujets qui en étaient atteints. Ceux-ci étaient considérés comme absolument incapables de vivre en société, étrangers aux autres hommes, et on les désignait sous le terme d'aliénés (*aliénus* : étrangers).

La médecine du moyen âge traitait les aliénés comme les autres malades (purgatifs, saignées, frictions, fomentations, etc.). Elle ne devait pas se montrer spécialement tendre à leur égard : « Si cela paraît nécessaire, on n'hésitera pas à les gourmander, les frapper et, pour les empêcher de nuire, soit à eux-mêmes, soit aux autres, les attacher. »

Cependant, à partir de cette époque, un certain nombre de psychiatres vont lutter pour rendre le sort des aliénés plus supportable.

Ceux-ci étaient en effet souvent traités d'une façon inhumaine. Tenon, en 1788, décrit encore ainsi la situation des aliénés à l'Hôtel-Dieu : « Pour les aliénés, ni chambres particulières, ni loges, mais deux salles, une pour les hommes, une pour les femmes. Dans la première, située contre la salle des blessés, dix lits à quatre places et deux petits, pour quarante-deux hommes. La seconde, séparée par une simple cloison de la salle des fiévreuses, contenait, pour trente-deux femmes, six grands et huit petits. Comment se procurer un air frais dans des lits où l'on couche trois ou quatre fous, qui se pressent, s'agitent, se battent, qu'on garrotte, qu'on contrarie, et dans des salles infiniment resserrées, à quatre rangs de lits ? »

C'est à Daquin et Pinel (1745-1826) qu'on doit en France la libération des aliénés. En Angleterre William Tuke et en Italie Vincent Chiarugi accomplirent une œuvre comparable.

Esquirol devait en France continuer l'œuvre de Pinel. En 1818 il peut encore présenter ainsi l'état des aliénés en province : « Je les ai vus couverts de haillons, n'ayant que la paille pour se garantir..., dans des réduits étroits, sales, infects, sans air, sans lumière, enchaînés dans des antres où l'on craindrait d'enchaîner des bêtes féroces. »

Dans une période plus rapprochée, non seulement le traitement des malades mentaux devait se faire plus doux, mais encore on réalisait qu'il n'y avait pas solution de continuité entre le normal et le malade. Des formes intermédiaires peuvent en effet être mises en évidence. L'étude des anormaux peut même éclairer celle des normaux. La maladie mentale nous livre une caricature du normal en accentuant certaines tendances qui existent chez ce dernier. La psychologie pathologique peut parfois conduire à la caractérologie.

Nous ne pouvons pas insister sur ce sujet. Mais il était pour nous fondamental de l'aborder. Il ne peut en effet pas exister de psychothérapie s'il ne peut exister de communications et de contacts entre le normal et l'anormal. L'évolution psychosociale de la psychiatrie, en humanisant les rapports du psychiatre et du patient, rend concevable une relati psychologique par laquelle le premier agira directement ou indirectement sur le second. L'humanisation des rapports psychiatre-patient ne doit pas seulement être comprise dans un sens « humanitaire » — elle consiste aussi dans une élucidation de la conduite pathologique, à laquelle on parvient à trouver un sens humain, en ré-introduisant ainsi le malade dans le monde de l'homme. L'évolution de la psychiatrie, dans cette perspective, prépare et annonce la psychothérapie.

II. — Classification des maladies mentales

Peu de choses sont plus controversées que le problème de la classification des maladies mentales. Sans entrer dans le détail, on peut voir tout de suite que deux principes de classification sont possibles. On peut établir des classifications étiologiques ou des classifications cliniques. Mais en fait, en raison de l'insuffisance de nos connaissances actuelles, il est impossible de faire une classification purement étiologique. Inversement, cependant, une classification purement clinique réunit des syndromes auxquels ne correspond pas toujours une similitude de causes physiologiques. Aussi la plupart des classifications utilisent-elles à la fois les deux principes que nous venons de présenter — ce qui ne rend pas les choses plus faciles. Ajoutons que, plus que la cause de la maladie, ou la lésion, c'est la réaction de la personnalité du malade qui donne les symptômes en psychiatrie.

Cependant, dans la mesure où il correspond à des syndromes différents des évolutions et des thérapeutiques différentes, le diagnostic est pour le moins très utile — et c'est le faciliter que d'établir un recensement et une classification claire des différentes affections mentales connues. Nous estimons donc devoir passer en revue au début de ce livre les principaux syndromes qui ont été mis en évidence. On retiendra cependant qu'il n'y a pas à accorder d'attention particulière au classement retenu.

Psychoses et névroses. — Il existe un grand nombre de personnes qui souffrent de troubles de la pensée et du caractère, mais à un degré relativement léger. Elles sont ainsi différentes de l'aliéné, du sujet atteint de psychose, et ne se différencient pas aussi nettement des normaux. Elles sont souvent très conscientes, surtout atteintes de troubles en grande partie subjectifs, se plaignent et cherchent secours.

On peut considérer que les névroses ont surtout des causes psychologiques — et qu'au point de vue traitement elles relèvent surtout de la psychothérapie. Au contraire dans leur ensemble, les psychoses, plus organiques dans leurs causes et leur réalité, se traiteraient par d'autres moyens.

Un tel point de vue n'est pas injustifié en lui-même. Il faudrait cependant se garder de le systématiser ou d'y adhérer trop entièrement. On peut mettre en évidence des déterminants psychologiques de certaines psychoses, on peut voir des faits physiologiques à l'œuvre dans les névroses. Des psychoses peuvent être sensibles à certaines formes de psychothérapie. Nous reviendrons plus tard sur ce sujet. Mais dès maintenant il peut être affirmé que ce serait une erreur que de creuser un fossé entre psychoses et névroses.

Les grands syndromes cliniques. — Il aurait certainement été plus intéressant de présenter les différents syndromes cliniques en donnant pour chacun d'eux les indications nécessaires sur les procédés thérapeutiques qui doivent être employés, ce qui aurait permis de juger en détail de l'importance qu'accorde la psychiatrie classique à la psychothérapie. Mais on se rendra compte qu'une telle entreprise — pour autant qu'elle soit actuellement (et même de principe) possible — se serait révélée d'une grande complexité et elle aurait largement débordé le cadre de cet ouvrage. D'autre part, comme nous le verrons, si historiquement, la psychothérapie est bien issue de la médecine mentale, il n'est pas absolument certain qu'elle doive être essentiellement considérée ni se développer principalement comme une des techniques thérapeutiques de la psychiatrie. C'est pourquoi nous nous contenterons de donner séparément, et brièvement, quelques indications, d'une part sur la classification des maladies mentales, d'autre part sur les techniques thérapeutiques.

Nous suivrons pour la présente étude la classification suivante :

I. — Troubles de l'humeur et de la conduite

Dépression ;
Hyperémotivité ;
Nervosisme ;
Cénesthopathie et dépersonnalisation ;
Psychasthénie, états obsessionnels et phobiques ;
Etats anxieux et hypocondriaques ;
Pithiatisme, hystérie, anorexie mentale.

II. — **Perturbations et déviations du caractère :**

- Perversions sexuelles ;
- Perversions criminogènes;
- Délires caractériels ;
- Névrose d'échec ;
- Tendances psychotiques.

III. — **Toxicomanies :**

- Alcool, morphine, etc.

IV. — **Schizophrénie :**

- Hébéphrénie ;
- Catatonie et catalepsie ;
- Démence paranoïde et paranoïaque.

V. — **Psychose maniaco-dépressive.**

VI. — **Troubles du développement psychique.**

VII. — **Syndromes psychiatriques d'involution :**

- Syndromes préséniles non démentiels ;
- Syndromes démentiels.

VIII. — **Etats démentiels et psychoses organiques :**

- Maladie de Bayle (paralysie générale) ;
- Troubles mentaux des tumeurs cérébrales ;
- Psychoses aiguës toxi-infectieuses.

IX. — **Epilepsie.**

I. — *Troubles de l'humeur et de la conduite*

Les troubles (surtout les troubles simples) de l'humeur, et de la conduite sont innombrables. Nous ne donnons que quelques exemples. La dépression se définit d'elle-même : fatigue, découragement, sentiment d'impuissance. L'hyperémotivité apparaît par l'intensité anormale et le prolongement des réactions. Le nervosisme détermine une suractivité qui n'est pas suivie de résultat, de l'instabilité, un état de tension qui rend incapable de trouver le repos.

Les cénesthopathies consistent dans des troubles de la sensibilité générale. Le malade perd la sensation de l'existence de son corps ou de sa pensée. Parfois il ne se sent plus lui-même, il a l'impression que sa personnalité est comme évanouie (syndromes de dépersonnalisation). Dans d'autres cas le trouble est localisé. Dans certains, l'impression de manque de vie s'accompagne de sensations étranges.

Les obsessions se traduisent par l'apparition de pensées aberrantes, qui paraissent étrangères à la personnalité du sujet, et contre lesquelles il lutte avec angoisse. L'obsession peut consister dans une idée quelconque, mais aussi dans une crainte (phobie) : crainte de traverser des espaces vides (agoraphobie), de rester dans une pièce fermée (claustrophobie), de porter des assiettes, crainte de toute nature...

L'anxiété est une crainte sans raison, un sentiment pénible d'attente. Les petits anxieux admettent d'innombrables variétés (Claude et Lévy Valensi en isolent dix-sept types). L'état franc d'anxiété comprend un fond d'anxiété diffuse et des paroxysmes. Si le sentiment d'anxiété s'accompagne de réactions somatiques il devient l'angoisse. Si le malade donne comme objet à son anxiété son propre état de santé on est en face de l'hypocondrie.

Les accidents hystériques (ou pithiatiques) se traduisent par des manifestations neurologiques ou par des crises nerveuses. Les manifestations neurologiques pouvaient passer pour des lésions organiques. C'est à Babinski que l'on doit de pouvoir discriminer entre les deux. La crise nerveuse apparaît le plus souvent comme une « crise d'énervement ». Elle ne s'accompagne pas des troubles organiques de l'épilepsie et elle n'a ni la brutalité ni la brièveté de la crise épileptique. On observe aussi, mais très rarement, des crises cataleptiques ou catalepto-catatoniques (1).

L'anorexie mentale survient souvent chez les jeunes filles au voisinage de la puberté — et chez les enfants. Les sujets prennent l'habitude de restreindre leur nourriture. Dans certains cas, on aura l'impression d'une véritable atteinte de la tendance à la conservation de soi. L'anorexie mentale n'est du reste souvent qu'un symptôme.

II. — *Perturbations et déviations du caractère*

Les troubles que nous venons de présenter ont en commun d'apparaître comme des accidents, ou des gênes (qui peuvent être évidemment extrêmement pénibles — voir supprimer pratiquement toute activité) qui empêchent les sujets de vivre normalement, mais de ne pas modifier en elles-mêmes l'orientation de leur vie, de leurs relations avec autrui ; de ne pas toucher à la nature même de ce qu'on appelle leur « caractère ». Au contraire les perturbations que nous étudions maintenant modifient d'une façon ou d'une autre la manière même de vivre, l'orientation de l'existence, les relations avec autrui — en un mot : le caractère.

(1) Pour ces termes, voir p. 13.

De même que pour les troubles de l'humeur et de la conduite, on peut distinguer ici des types innombrables — et nous ne pouvons donner que des exemples. Nous verrons du reste par la suite que dans ce domaine il est beaucoup plus intéressant d'étudier la psychogénèse de chaque cas (et de l'étudier au fur et à mesure que la psychothérapie progresse) que de vouloir situer le cas avec précision par rapport à des classifications qui restent plus ou moins arbitraires.

Les perversions sexuelles affectent les rapports sexuels, et par là même les rapports avec autrui. On distinguerait entre : l'impuissance et la frigidité, l'homosexualité, le voyeurisme, l'exhibitionnisme, le fétichisme, le sadisme, le masochisme, la nécrophilie, le cannibalisme. Nous ne pouvons développer, mais nous devons noter que là encore il existe toutes les nuances entre la normalité et les affections déclarées — et que les états intermédiaires, déguisés, peuvent être socialement de beaucoup les plus importants (1).

On peut se demander s'il existe vraiment des perversions criminogènes spécifiques. D'une façon beaucoup plus probable le crime est le symptôme d'une réaction à des causes qui peuvent être très variées, comme c'est le plus souvent le cas en psychologie. En tout cas il est souvent bien difficile de discriminer entre l'anormal et le normal, toute question de principe mise à part, et ces problèmes restent encore fort obscurs.

Par délires caractériels nous entendons des délires plus ou moins intenses et systématisés qui s'organisent autour d'une attitude caractérielle prise devant les autres ou devant la vie en général. Par exemple le délire de haine qui donnera sur le plan collectif le complexe du bouc émissaire (Baruk). Le délire de jalousie. Le délire de revendication. L'érotomanie (Esquirol, de Clérambault) qui consiste principalement dans l'illusion d'être aimée. Le délire de persécution, la tendance persécuté-persécuteur. Le bourreau domestique, etc.

Les névroses d'échec ont été étudiées par les psychanalystes (Laforgue). Elles forment un groupe très important et peuvent se présenter sous des aspects multiples. Cependant, dans tous les cas les sujets qui en sont atteints semblent ne pouvoir supporter le succès et déterminent inconsciemment leur propre échec.

Il convient de remarquer maintenant que les affections étudiées ci-dessus, si elles dépassent une certaine intensité

(1) *Psychopathia sexualis*, Krafft-Ebing, Payot, Paris, 1950. On peut cependant se demander si dans le cas de l'homosexualité il y a « perversion ».

et s'installent à demeure, sont de véritables psychoses. On parlera ainsi de psychose passionnelle, de psychose de haine, etc.

Inversement les psychoses (que nous allons maintenant présenter) admettraient des cas atténués que l'on rangerait parmi les troubles de caractère. Nous aurons ainsi à envisager des sujets ayant des tendances schizoïdiques ou des tendances cycloïdiques. Signalons l'existence d'un caractère paranoïaque (persécuté-persécuteur, orgueil-méfiance). D'une façon assez comparable on aurait isolé un caractère hystéroïde et un caractère épileptoïde. A l'existence de l'une ou de l'autre de ces diverses tendances correspondrait une constitution organo-psychique particulière.

III. — *Toxicomanies*

Il y a toxicomanie chaque fois que l'habitude d'un toxique est telle que dès sa suppression le sujet ressent une série de malaises dus au manque de toxique : c'est l'état de besoin.

Il ne serait pas injustifié de considérer la toxicomanie comme un trouble de caractère. En effet, et quelle que soit sa nature dernière, il existe chez le toxicomane un fond mental particulier. Le simple traitement et la guérison d'une toxicomanie n'empêchent nullement un toxicomane de reprendre son ancienne habitude à un moment quelconque. On sait l'ampleur qu'a prise de nos jours le problème de « la drogue ».

IV. — *Schizophrénie*

Dans la schizophrénie la personnalité est atteinte en quelque sorte de l'intérieur. Elle se fragmente, se dissocie, se sépare en différents fragments. Cette division gêne toute action et fait que le sujet devient également séparé du monde extérieur. D'autre part le schizophrénique se caractérise par un fléchissement profond du tonus mental qui conduit plus ou moins vite vers la démence et la déchéance (sauf exception ou intervention thérapeutique réussie). La schizophrénie se caractérise aussi par une rupture de contact avec l'entourage, une inadaptation progressive au milieu.

Nous présenterons successivement : l'hébéphrénie, la catatonie, les démences paranoïdes.

a) **L'hébéphrénie.** — Elle apparaît chez les jeunes gens sous des formes violentes et tragiques. On rencontrera au début des troubles physiques subjectifs (phase somatique prodromique), ou une certaine tendance insolite à l'isolement, ou des idées d'influence, des réactions hallucinatoires et délirantes. Ces divers éléments peuvent évidemment se combiner. On rencontrera aussi des états d'excitation qui peuvent rappeler plus ou moins l'excitation maniaque mais qui ne donnent pas la même impression d'entrain. A noter aussi l'excitation intellectuelle avec des formes de pensée rigides (rationalisme morbide). Mais surtout le caractère tragique des malades qui prend parfois la forme de haines intenses. On remarquera aussi souvent au début une excitation sexuelle violente. Dans certains cas l'hébéphrénie prend une forme délirante : on est en face d'un délire incohérent, assez imprécis, mais qui peut donner lieu à des actes très violents et très dangereux. Noter dans beaucoup de cas l'importance de l'expression : le regard semble devenir mort.

Chez les jeunes filles on rencontre surtout au début des formes dépressives. Elles se montrent très ralenties et semblent rencontrer de véritables « barrages ». D'autres fois, au contraire, on rencontre des crises nerveuses qui rappellent la grande crise hystérique de Charcot. Mais à l'opposé de l'hystérie le fond mental lui-même est touché.

D'une façon générale l'hébéphrénie se caractérise par une bi-polarité anesthésie-hyperesthésie affective et par de l'autisme (Bleuler-Minkowski). Il est classique de considérer les hébéphréniques comme indifférents. En fait, s'ils sont généralement indifférents, il existe aussi chez eux des points hypersensibles.

Bleuler et Minkowski ont spécialement décrit l'autisme schizophrénique. La plupart des malades sont repliés sur eux et séparés de la réalité. Ils se réfugient dans des conceptions chimériques. Baruk a montré chez certains schizophrènes l'existence d'une « réaction de présence ». Il s'agirait « d'une sorte de timidité poussée à un degré fantastique et pouvant même mettre la vie en danger ».

Bien souvent les troubles ci-dessous sont accompagnés d'une baisse du tonus mental. L'activité psychique descend vers des formes automatiques : on rencontre du maniérisme, des absences, des réponses à côté, des stéréotypies verbales et motrices.

b) **La catatonie et la catalepsie.** — La catatonie se caractérise par des troubles musculaires (crampes — dont certaines très impressionnantes) qui vont de pair avec des troubles mentaux. Dans la catalepsie le sujet est immobile mais il n'est pas paralysé et ses automatismes sont conservés. La catalepsie est un des éléments de la catatonie mais peut exister sans elle. On rencontre aussi souvent soit une résistance au mouvement (négativisme) soit une opposition plus généralisée. Parfois le malade fait le contraire de ce qu'on lui commande, parfois aussi on voit survenir une série de mouvements anormaux (hyperkinésie). Les crises nerveuses d'aspect plus ou moins hystérique ne sont pas exceptionnelles (pathéticismus de Kahlbaum). A noter enfin des stéréotypies motrices.

Le classement de toute catatonie dans le cadre de la démence précoce n'est pas admis d'une façon aussi entière par tous les auteurs (Baruk).

c) **Psychose paranoïde.** — Le délire y prend une place tout à fait prépondérante. Il est moins tragique, plus intellectualisé et survient chez des sujets moins jeunes que le délire hébéphrénique. Dans les formes de début, au degré le plus léger, le malade se perd simplement dans des incidentes multiples et interminables. A retenir des modifications plus ou moins profondes du langage qui devient plus imagé et symbolique.

Dans de nombreux cas le délire devient extrêmement touffu. foisonnant et aboutit aux conceptions les plus bizarres. Il peut prendre une allure philosophique. Les malades peuvent aussi s'exprimer dans des peintures et des dessins (qui peuvent être très intéressants). Dans d'autres cas les malades arrivent à se confectionner de véritables langues (glossolalies et glossomanies, Cénac). Ils rédigent des écrits d'un aspect cabalistique.

Les délires peuvent prendre un aspect gigantesque, cosmique (paraphrénie fantastique, Kraepelin).

On distingue entre les délires paranoïdes, qui marquent une rupture avec la personnalité antérieure du sujet, sont presque toujours hallucinatoires, où l'on note une atteinte du fond mental — et les délires paranoïaques, sans atteinte du fond mental (si ce n'est terminal), en concordance avec le caractère antérieur, et presque sans hallucination.

Du point de vue de la conduite, il arrive souvent que, à côté du délire intellectuel très poussé, le malade reste capable de sentiments et d'une activité intelligente (Baruk).

V. — *Psychose maniaco-dépressive*

Les états maniaques (humeur gaie, instabilité, suractivité) et mélancoliques (humeur triste, stagnation, inertie) ont été décrits vers 1850. Par la suite Kraepelin remarque que ces syndromes avaient parfois tendance à se produire plusieurs fois dans la vie d'une même malade : c'est la psychose maniaco-dépressive. Entre les crises, la santé mentale est parfaite.

On a retenu d'autre part des cas où le syndrome maniaque

ou mélancolique marque le début d'une maladie évolutive (démence précoce, paralysie générale...) : il est alors dit symptomatique.

a) **Crise mélancolique.** — D'une durée moyenne de quatre à six mois, avec pour extrêmes quelques semaines et trois ou quatre ans. Elle est marquée par la stagnation de la vie intellectuelle, de l'inertie motrice, et surtout par une grande douleur morale. On note des délires secondaires pauvres et tristes qui sont des tentatives d'explication des troubles ressentis. Réactions de désintérêt ou de libération par délivrance (automutilation, suicide, homicide des proches pour les délivrer de malheurs).

b) **Crise maniaque.** — Elle apparaît l'opposé de la crise mélancolique. Durée de quelques jours à quelques mois. Se traduit par une gaieté exubérante, une grande richesse de perception, la fugacité des représentations. On enregistre une suractivité qui peut devenir extravagante avec une très grande résistance à la fatigue. Des idées délirantes fragmentaires et peu systématisées.

L'extravagance des actes peut aboutir aux impulsions les plus baroques, et dont les conséquences accidentelles peuvent être graves, mais il est rare qu'elles aillent au crime.

La psychose maniaco-dépressive apparaît en général vers la vingtième année. Le rythme des crises est très variable ainsi que leur alternance. Certains sujets ne font que quelques crises dans leur vie. D'autres passent d'une crise à une autre crise. Kraepelin admet à la soudure des deux phases la possibilité d'états mixtes.

VI. — *Troubles du développement psychique*

La psychiatrie infantile forme à elle seule un domaine extrêmement complexe. Nous ne pouvons donner que des indications très fragmentaires.

On distinguera entre les retards et arrêts de développement les troubles de caractère, les anomalies épisodiques.

a) **Retards et arrêts de développement.** — Peuvent être dus à des causes très variées. Parmi les causes connues : myxœdème et hérédosyphilis. D'après le degré de l'arriération on distingue entre :

— l'idiot, âge mental inférieur à deux ans ;
— l'imbécile, âge mental entre deux et sept ans ;
— les débiles, âge mental entre sept et quatorze ans.

L'idiotie apparaît dans la première année. L'imbécillité peut être prévue dès la seconde année. La débilité se manifeste clairement à l'âge scolaire. Elle est mise en évidence avec précision par les tests de niveau mental (Binet et Simon).

b) **Troubles de caractère.** — Il arrive que le retard du point de vue des acquisitions intellectuelles soit dû à des troubles de caractère. Dans d'autres cas, tout en ayant un niveau mental égal ou supérieur à celui de leur âge, tout en se montrant capables au besoin d'enrichir leurs connaissances, certains sujets présenteraient des troubles plus ou moins graves de caractère.

Parmi les troubles de caractère de l'enfance, on retrouvera des tableaux qui annoncent ceux de l'adulte. On distinguera ainsi entre : instables, émotifs, anxieux, obsédés, cyclothymiques, pervers, schizoïdes, paranoïaques, épileptoïdes, mythomanes et pithiatiques.

c) **Autisme.** — D'une façon générale l'autisme se caractérise comme une polarisation de la vie mentale d'un sujet sur son monde intérieur à laquelle correspond une perte des relations avec le monde extérieur. Dans ce cas il apparaît comme une composante fondamentale de la structure schizophrénique.

Mais en ce qui concerne l'enfant on a mis en évidence l'existence d'un autisme infantile précoce qui se manifeste dès la deuxième année. Il s'agit d'une affection autonome qui entraîne une incapacité à établir des rapports normaux avec l'entourage et qui peut faire croire à une arriération ou une surdité. L'enfant autistique se tient en retrait, loin de tout contact avec les gens, avec un désir obsessionnel de maintenir l'identité. Il passe du mutisme à une sorte de langage qui ne permet pas d'assurer la communication interpersonnelle. Cependant, il peut manifester de l'adresse, beaucoup de mémoire, et, si l'on en trouve la clé, son langage peut apparaître plus énigmatique que dénué de tout sens. La perturbation du contact affectif semble le facteur essentiel (B. Bettelheim).

d) **Anorexie mentale.** — On a déjà cité dans les troubles de l'humeur et de la conduite l'anorexie mentale. On le rappelle ici dans la mesure où il s'agit d'une affection qui concerne principalement les jeunes filles — et les enfants. Dans sa forme la plus classique elle survient chez des jeunes filles entre 13 et 20 ans qui se mettent à restreindre progressivement leur alimentation sans en donner de raisons pertinentes. La perte réelle de l'appétit apparaît au bout d'un certain temps ainsi que le plus souvent une aménorrhée.

On a décrit une anorexie mentale du nourrisson (à l'occasion du sevrage, d'un changement de régime, de nourrice...). Il peut exister des anorexies mentales chez l'adulte du sexe féminin. L'anorexie mentale masculine est beaucoup plus rare dans sa forme essentielle que chez les jeunes filles.

e) **Dyslexies.** — Il s'agit d'une difficulté particulière à l'acquisition de la langue écrite : malgré une scolarité normale, la lecture reste hésitante, souvent incompréhensive, avec de nombreuses fautes qui se poursuivront dans l'orthographe. Les conséquences de la dyslexie peuvent être considérables, aboutir à une sorte d' « infirmité sociale ». Le problème est cependant de distinguer entre les « véritables dyslexies » : organisation perceptivo-motrice souvent perturbée, troubles très fréquents du parler ou du comprendre-parler, et les difficultés orthographiques qui peuvent avoir de multiples causes.

f) **Troubles passagers.** — Chez certains enfants les troubles seront des troubles d'évolution destinés à disparaître d'eux-mêmes. Dans d'autres cas les troubles seront liés soit à un accident au point de vue santé (appendicite chronique, primo-infection, poussée de croissance...), soit à un conflit familial sans gravité, soit à des causes sociales. Ils disparaîtront lorsque l'on aura écarté la perturbation organique, familiale ou sociale qui les détermine.

VII. — *Syndromes psychiatriques d'involution*

Les syndromes psychiatriques d'involution correspondent à des psychopathies organiques. Ils sont dus à l'usure, à l'involution des cellules cérébrales.

On distingue cliniquement entre les syndromes préséniles non démentiels et les syndromes démentiels.

a) **Syndromes préséniles non démentiels.** — On distingue entre la manie présénile, la mélancolie présénile et les délires d'involution.

La manie présénile est assez rare. Elle se distingue de la manie des psychoses maniaco-dépressives par l'âge et l'absence d'accès antérieurs. Elle se distingue aussi de l'agitation des déments séniles par l'absence d'anxiété.

La mélancolie présénile est moins rare. Les troubles dans l'ensemble sont ceux de tout état mélancolique. D'une façon spécifique on remarquera des idées délirantes de ruine, de famine, de vol — ou encore d'énormité, d'immortalité malheureuse (Cottard). On aboutira à une agitation motrice anxieuse, aux fugues, ou encore à l'inertie, au refus d'aliment, voir au suicide.

Les délires d'involution sont assez peu fréquents. Les thèmes sont fournis par les incidents de la vie de tous les jours du vieillard. On a décrit : le délire de préjudice, le délire de jalousie, le délire de récrimination. L'évolution vers la démence est très tardive.

b) **Syndromes démentiels.** — Les démences d'involution admettent trois types : la démence artério-scléreuse, la démence sénile simple, les démences de Pick et d'Alzheimer.

La démence sénile simple est tardive. Elle se manifeste par un affaiblissement psychique graduel ou prédomine tantôt l'amnésie, tantôt l'aphasie, tantôt la désorientation, tantôt le délire. Les démences de Pick et d'Alzheimer se distinguent par leur précocité relative et par l'existence de troubles spéciaux de la parole. Le diagnostic de la démence artério-scléreuse se fait à partir de la constatation de signes généraux d'artério-sclérose.

VIII. — *Psychoses organiques*

Il peut être intéressant de noter ici que le terme de démence n'a pas le même sens en psychiatrie que dans le langage courant ou en médecine légale. Pour le psychiatre la démence se caractérise par« l'affaiblissement de la sensibilité, de l'intelligence et de la volonté ; l'incohérence des idées et le défaut de spontanéité».

a) **Paralysie générale (Maladie de Bayle).** — On distingue trois périodes dans la paralysie générale : la période initiale, la période d'état, et la période de marasme terminal.

La paralysie générale débute le plus souvent vers quarante-cinquante ans. Elle peut commencer d'une façon insidieuse : diminution de la personnalité, actes médico-légaux, achats inconsidérés, attentats à la pudeur. D'autres fois elle débute par un accès d'excitation maniaque. Mais cet accès conserve quelque chose de puéril. Par exemple, dans la paralysie générale les idées de grandeur prennent une forme gigantesque, absurde et comme infantile. D'autre part, l'affaiblissement intellectuel existe dès le début de la maladie. Enfin des signes somatiques (perte de connaissance, manifestations comitiales, ictus apoplectiformes ou épileptiformes, céphabés, et surtout la dysarthrie : trouble de la prononciation, et les tremblements) et des signes humoraux permettent d'affirmer le diagnostic.

Dans la période d'état les signes précédents s'accentuent.

La démence et l'affaiblissement intellectuel apparaissent de plus en plus. Des idées délirantes multiples, mobiles, absurdes, contradictoires — sans systématisation ni interprétation se dégagent plus ou moins. La dysarthrie et le tremblement deviennent considérables. Le faciès devient caractéristique.

A la période terminale, si la maladie a été abandonnée à elle-même, le gâtisme est complet.

On admet en général que la paralysie générale est une méningo-encéphalite syphilitique.

b) **Troubles mentaux des tumeurs cérébrales.** — Les tumeurs cérébrales s'accompagnent souvent de troubles mentaux. Ainsi peuvent se trouver posés des problèmes de diagnostic.

c) **Psychoses aiguës toxi-infectieuses.** — Le psychisme réagit à toutes les maladies infectieuses, à toutes les intoxications brutales par le syndrome confusionnel, essentiellement constitué par la confusion ou la torpeur mentales auxquelles peut s'ajouter le délire onirique.

Dans la confusion mentale le sujet est désorienté dans le temps et dans l'espace, l'attention est mobile, l'amnésie est profonde, le cours des idées est troublé.

Le délire onirique est un délire de rêve. Des images défilent comme dans un film, mais sans avoir de lien entre elles. A ces hallucinations visuelles s'ajoutent des illusions. Le malade peut réagir à ces hallucinations : par exemple il s'enfuira devant des images terrifiantes.

On a décrit des formes de confusion simple, avec onirisme, anxieuse, stupide, avec ou sans agitation. Le *delirium tremens*, ordinairement alcoolique, ajoute à la confusion onirique un tremblement intense, de la faiblesse des membres inférieurs et une sueur profonde avec fièvre.

Le syndrome confusionnel évolue en général comme la maladie qui le cause. Cependant il peut par lui-même laisser des séquelles.

IX. — *Epilepsie*

Elle est considérée le plus souvent comme une maladie spéciale d'origine organique et liée à des lésions cérébrales. Mais elle peut être aussi un type de réaction cérébrale déterminée par des facteurs variés. Les diverses manifestations épileptiques sont : la crise convulsive, l'automatisme épileptique, les absences et les hallucinations, les troubles psycho-viscéraux.

La crise convulsive épileptique est brutale et brève. La suspension de la conscience est totale. Le malade tombe comme une masse. Il y a suspension du contrôle sphinctérien, morsure de la langue pendant les convulsions. On observe de la cyanose des lèvres et une grande pâleur du visage.

Dans l'automatisme épileptique le malade peut accomplir des actes plus ou moins compliqués — ou encore on se trouvera simplement en face de stéréotypies. La conscience est alors profondément suspendue. On a l'impression d'être en présence d'une sorte d'automate. D'autre part le passage de l'état normal à l'état d'automatisme est extrêmement rapide.

Les absences épileptiques sont des manifestations mineures. Brusquement le sujet pâlit et arrête son activité quelques secondes. Puis il recommence sans savoir ce qui lui est arrivé. Les hallucinations s'observent surtout dans l'aura épileptique. Dans certains cas, la crise épileptique est en effet précédée d'un brusque avertissement conscient. Les« auras » peuvent être sensorielles, sensitives, motrices, psychiques, voire même viscérales.

Nous avons suivi, dans la présentation schématique qui précède, une perspective « classique ». Celle-ci a donné lieu à des critiques qui devraient être examinées dans un ouvrage consacré au sujet, ou dans un ouvrage plus développé. Nous ne pouvons l'entreprendre ici. Notons cependant l'importance qu'il y aurait à mettre en rapport la nature et le développement des différentes maladies mentales et la culture propre aux diverses sociétés. On consulterait par exemple sur ce sujet l'ouvrage de G. Devereux, *Essais d'éthnopsychiatrie générale* (Gallimard éd., 1970).

III. — Thérapeutiques psychiatriques non psychologiques

Il nous paraît maintenant intéressant de donner un aperçu sur ce que sont les thérapeutiques psychiatriques non psychologiques. La psychothérapie est en psychiatrie trop souvent et trop profondément associée aux thérapeutiques biologiques pour qu'elle puisse être étudiée sans que l'on ait au moins une certaine idée de ce que sont ces dernières.

D'une façon générale les thérapeutiques psychiatriques peuvent être classées en :

— thérapeutiques étiologiques ;
— thérapeutiques de choc et psycho-chirurgie ;
— thérapeutiques psychologiques et psycho-sociales ;
— thérapeutiques par les médicaments psychotropes.

Cet ouvrage est consacré aux thérapeutiques psychologiques et psycho-sociales. Aussi nous allons ci-dessous simplement dire quelques mots des thérapeutiques étiologiques et des thérapeutiques de choc, puis développer un peu plus une présentation des médications par les psychotropes (psychopharmacologie).

1. **Thérapeutiques étiologiques, psycho-chirurgie, thérapeutiques de choc.** — Les thérapeutiques étiologiques visent à s'adresser à la cause des maladies mentales. Nous avons présenté ci-dessus un certain nombre de psychoses organiques. Dans ce cas le traitement des maladies et troubles mentaux sera le traitement des maladies qui les déterminent. Par exemple, lorsqu'une maladie infectieuse occasionne des troubles mentaux, on traitera la maladie infectieuse elle-même. Mais l'étiologie des psychoses dites non organiques est dans l'ensemble peu connue, où le complexe des causes qui se trouvent à leur origine n'est pas accessible.

On englobe sous le nom de psycho-chirurgie un certain nombre d'interventions neuro-chirurgicales portant sur la substance cérébrale et faites dans le but de traiter des troubles mentaux. Très critiquées à l'époque même où elles étaient (relativement) le plus utilisées ces interventions tendent à devenir de plus en plus rares, en particulier en raison des résultats obtenus par la psycho-pharmacologie. Pour certains elles doivent être abandonnées.

L'idée des thérapeutiques « de choc » n'est pas récente. Celles-ci avaient été à l'honneur durant le XVIIe et le XVIIIe siècle. Par exemple la méthode du coma par rotation : des appareils ingénieux permettaient de faire tourner le malade à une vitesse plus ou moins grande.

Les thérapeutiques modernes de ce type sont évidemment plus élaborées et plus adaptées aux malades. Cependant, là encore — encore que d'une façon moins nette que pour la psycho-chirurgie —, le développement de la psycho-pharmacologie a fortement limité leur usage.

Les principales thérapeutiques de choc sont : le choc au cardiazol, l'électrochoc, la cure de Sakel (insulinothérapie).

Le cardiazol a introduit en psychiatrie les thérapeutiques « convulsivantes ». S'il garde (pour certains cas) des partisans, ses inconvénients ont conduit la majorité des praticiens à remplacer ce traitement par l'électrochoc.

C'est Cerletti qui eut l'idée d'utiliser l'électrochoc dans un but thérapeutique, à partir d'un procédé permettant, par le passage d'un courant électrique à travers le cerveau, de déterminer des crises de caractère comparable à la crise épileptique. Des progrès ont été réalisés par la suite par l'emploi de l'anesthésie générale, de la curarisation et de l'application unilatérale des électrodes. Son indication la plus reconnue est la psychose maniaco-dépressive. Par contre dans le traitement des états schizophréniques on lui préfère l'insuline (P. Cossa, *Thérapeutique neurologique et psychiatrique*).

La cure de Sakel (insulinothérapie) consiste dans la détermination d'un choc insulinique poussé jusqu'à l'apparition de coma hypoglycémique. Les interventions doivent être pratiquées en suivant des règles techniques très précises et en prenant des précautions bien déterminées et très attentives. C'est pour les schizophrènes que Sakel avait mis au point son traitement et c'est bien pour eux que cette thérapeutique a été utilisée. Cependant la chimiothérapie a relégué l'insulinothérapie au rang de thérapeutique secondaire. Il faut noter qu'elle n'est pas sans incidents ni sans dangers. Elle a été abandonnée par de nombreux psychiatres, alors que certains la considèrent encore comme utile dans quelques cas.

Notons enfin la cure de sommeil, qui est naturellement tout à fait distincte des thérapeutiques de choc, puisqu'elle est fondée sur l'action sédative, calmante de l'anxiété, et réparatrice, du sommeil artificiel prolongé ! Son indication majeure est l'état d'angoisse, qu'il résulte d'un événement psychogène ou d'un paroxysme au cours d'une névrose anxieuse. On notera que le patient en cure de sommeil doit être surveillé comme un opéré. Le sommeil est provoqué et entretenu par des hypnotiques, des neuroleptiques (voir plus loin). Des adjuvants et correcteurs limitent les effets secondaires gênants des drogues majeures.

2. **Psycho-pharmacologie.** — Le texte qui précède immédiatement annonce l'importance qu'il faut accorder à l'apparition et au développement à partir des années cinquante de médicaments appelés « psychotropes » dans le traitement des maladies mentales. Ces médicaments ont permis à de nombreux malades de quitter les asiles où ils étaient confinés, d'être accessibles à une aide psychologique et sociale, et de vivre parmi leurs semblables.

On l'a vu en examinant la classification des maladies mentales, celles-ci ne constituent pas un ensemble homogène, et en conséquence les psychotropes devront être classés selon leurs domaines d'efficacité. On peut distinguer ainsi : les neuroleptiques, les antidépresseurs et régulateurs, les tranquillisants.

C'est en 1952 que l'intérêt du traitement continu et prolongé de certaines psychoses (états d'excitation, d'agitation et de confusion mentale) par la chlorpomazine (Largactil, 4560 R. P.) fut présenté en France par une série de communications. En France, et généralement en Europe, la nouvelle classe de médicaments qui trouvait ainsi son origine est désignée par le terme de « neuroleptiques », alors que l'on parle dans les pays anglo-saxons de « tranquillisants majeurs » par opposition aux « tranquillisants mineurs » qui sont les produits appelés en France tranquillisants. Cependant l'action neuroleptique est bien différente de l'action tranquillisante.

Une caractéristique dominante des *neuroleptiques* est leur capacité de réduire l'agitation sous toutes ses formes, même dans le cas des déments. Mais l'action neuroleptique n'est pas seulement une action calmante puissante, mais aussi une action de dissolution des délires et des hallucinations qui permet de sortir le malade de la prostration provoquée par la psychose. Les caractéristiques différenciées de ces deux actions devaient permettre la mise au point de neuroleptiques à prédominance sédative pour les états d'agitation, et à prédominance désinhibitrice pour les psychoses délirantes et hallucinatoires. Les cures neuroleptiques très prolongées peuvent avoir une action sur les délires chroniques (chez les malades atteints de schizophrénie) et permettre des tentatives de réinsertion sociale. Afin d'assurer des traitements de longue durée qui ne soient pas trop asservissants, des neuroleptiques ayant une action durant un temps prolongé (neuroleptiques « rémanents », dits aussi de façon assez peu satisfaisante neuroleptiques « retard ») sont utilisés.

Cependant les neuroleptiques ne s'étaient pas révélés d'une efficacité décisive dans les cas de dépression — et de cette forme la plus grave des dépressions : la mélancolie. C'est un médecin suisse qui devait découvrir qu'un produit de synthèse élaboré en 1956 par la firme Geigy (de Bâle) avait une action complètement différente de celle des neuroleptiques, car il agissait, et n'agissait que dans la dépression. Le « Tofranil » devait être le premier à être mis sur le marché (1958) d'une classe importante d'*antidépresseurs* : les « tricycliques ».

A la même époque, aux États-Unis, un psychiatre découvrait que les tuberculeux traités avec le « Rimifon » manifestaient, conjointement à l'amélioration de leur état, une euphorie et une excitation particulières. Il devait utiliser celui-ci, et une autre drogue de la même classe (les « I. M. A. O. »), pour traiter les dépressions et les mélancolies. On dispose ainsi maintenant de deux classes d'antidépresseurs : les tricycliques (type

Tofranil) et les thymérétiques ou I. M. A. O. (type Marsilid).

En dehors des déprimés permanents, il existe, on l'a vu, des malades chez qui l'on voit se succéder des épisodes d'excitation incontrôlée et de dépression profonde (psychose périodique ou maniaco-dépression). Dès 1949 on avait remarqué que les sels de lithium calmaient les maniaques chroniques. Mais, l'apparition d'accidents toxiques graves, le fait que les neuroleptiques s'étaient par la suite révélés efficaces relativement aux états d'excitation, devaient conduire à en abandonner quelque temps l'usage. Ce n'est que par la suite qu'un Danois (Schou) devait mettre en évidence que la mesure périodique du taux de lithium dans le sang permet, si l'on maintient la lithémie à un certain niveau, d'avoir un effet thérapeutique sans enregistrer d'inconvénients. Le lithium s'est alors révélé particulièrement efficace dans le cas des cyclothymiques (psychose maniaco-dépressive), où il faut à la fois lutter contre la dépression et l'excitation, constituant ainsi le premier *régulateur de l'humeur*.

Si l'on insiste souvent sur la dimension anxieuse qui caractériserait la vie actuelle, on doit reconnaître que de tout temps et en tout pays les hommes ont essayé de la calmer (substances diverses, techniques corporelles). De nos jours sont apparus les *tranquillisants*, dont l'indication majeure est l'angoisse, étant entendu que dans ce cas il faut exclure l'angoisse psychotique (aussi bien mélancolique que schizophrénique), et que l'indication concerne l'angoisse névrotique ou réactionnelle. Ces médicaments sont d'autre part peu toxiques et bien supportés à dose modérée. Parmi les tranquillisants citons les méprobaurates (équanil, procalmadiol) et les benzodiazepines (librium, valium, tranxène). Si les caractéristiques des tranquillisants expliquent qu'ils arrivent actuellement en tête de tous les médicaments connus sur le marché mondial, ce succès même apparaît difficile à accepter et leur usage se trouve régulièrement mis en cause.

3. **Psychiatrie et psychothérapie.** — Nous n'avons pu naturellement, dans ce très bref résumé des thérapeutiques du mental qui ne sont pas en elles-mêmes de nature psychologique, qu'évoquer des matières qui demanderaient de larges développements. Mais il nous a semblé nécessaire de le faire, d'une part pour pouvoir mieux situer la psychothérapie relativement à la psychiatrie, d'autre part pour que l'on puisse mettre en regard des thèses de l' « antipsychiatrie » (qui connaissent sous des formes diverses une assez large diffusion) les propositions effectives des thérapeutiques psychiatriques non psycholo-

giques — et particulièrement celles de la psycho-pharmacologie.

Depuis quelques années sont nés des mouvements divers qui ont en commun la condamnation plus ou moins nuancée ou définitive de la psychiatrie. Une thèse dominante de l'antipsychiatrie pose que ceux qui sont considérés comme des malades mentaux ne seraient que des victimes de la société ! L'être dit normal serait psychologiquement amputé et déformé et la folie, elle, serait réaction contre toutes les contraintes familiales, sociales et politiques. Pour les antipsychiatres, il faut démédicaliser la folie, laisser les malades « faire leur voyage intérieur » sans limites, dans de petites communautés où les soignants ne sont que des accompagnants du délire. Administrer des médicaments ne serait ainsi qu'une forme d'oppression pour remettre « à la norme » — alors que la norme imposée peut être elle-même anormale dans une société « malade » !

Nous ne pouvons entreprendre ici de mettre en évidence les aspects idéologiques de l'antipsychiatrie. Mais alors même que l'on admettrait ces aspects idéologiques, on pourrait aussi reconnaître ce que certaines des critiques qu'elle adresse à ce qu'est parfois de fait la psychiatrie peuvent contenir de juste. L'organisation sociale psychiatrique peut abuser et mésuser dans certains cas du pouvoir considérable qu'elle détient. L'étiquetage psychiatrique comporte ses dangers, il s'appuie sur des classifications qui restent discutables, et l'on a pu montrer que le diagnostic peut admettre une large part d'aléas. Les traitements gardent un caractère empirique, les résultats auxquels ils permettent de parvenir restent parfois incertains et ils peuvent comporter des dangers et des inconvénients notables ou graves.

S'il est intéressant de noter que l'antipsychiatrie aboutit, relativement à ceux que l'on considère comme des malades mentaux, à une sorte d'intervention psycho-sociale négative, il faut aussi retenir que la psychiatrie souligne actuellement la nécessité de prolonger les différentes thérapeutiques non psychologiques par des psychothérapies. C'est ainsi par exemple que ceux qui pratiquent les thérapeutiques de choc insistent sur la nécessité de les accompagner et les prolonger par des voies psychologiques. Dans l'insulinothérapie le maternage répété à chaque réveil, pendant plusieurs heures parfois, doit jouer un rôle psychothérapeutique important. Dans l'électrochoc, la psychothérapie, rendue plus facile par le « déblocage » qu'il provoque, doit jouer un rôle fondamental pour que l'on aboutisse à des résultats durables.

Encore que ce ne leur soit pas absolument propre les psychotropes ont eu l'avantage de permettre d'établir le rapport avec les malades et d'entreprendre des psychothérapies là où il n'aurait pas été possible de le faire.

Il ne conviendrait cependant pas de réduire la psychothérapie à n'être qu'un adjuvant à d'autres formes de thérapeutique. Les rapports de la psychothérapie avec d'autres thérapeutiques donnent lieu à controverses et reflètent des divergences de vue doctrinales. Mais on admet très généralement qu'il existe de nombreux cas (névroses, anomalies du caractère, psychopathies...), où c'est à la psychothérapie qu'il convient essentiellement d'avoir recours. D'autre part la confrontation des sujets avec les caractéristiques du monde actuel amène de nombreux « problèmes », des troubles, des insatisfactions et souffrances que l'on ne saurait classer dans les maladies mentales, mais dont on peut estimer qu'ils relèvent bien de certaines formes de psychothérapie. Si l'on se refuse d'utiliser encore le terme de psychothérapie dans ces cas où l'homme désire se changer lui-même et changer les rapports avec les autres, on doit cependant reconnaître que certaines des voies qui sont actuellement proposées pour le faire ont bien des rapports avec celles de la psychothérapie.

Chapitre II

LES PSYCHOTHÉRAPIES SANS FONDEMENT SYSTÉMATISÉ

Nous avons vu qu'il n'y avait pas de psychothérapie possible sans relations (et quelle que soit alors la nature de ces relations) entre psychothérapeutes et patients. Mais la vie humaine elle-même est aussi faite de relations entre les hommes. La psychothérapie doit donc être regardée comme une façon d'utiliser certaines relations humaines à des fins thérapeutiques — et elle doit être directement soumise à l'influence de toute théorie portant sur la nature et les lois qui régissent les relations interhumaines.

Cependant, dans la mesure où il n'existait pas de théorie des relations humaines, les thérapeutiques psychologiques ne pouvaient que rester assez empiriques. Ainsi, durant toute une période, la psychothérapie n'a que peu de caractères techniques, elle semble être beaucoup plus animée par la bonne volonté des praticiens qu'éclairée par des connaissances tant soit peu précises. De nos jours encore, les « psychothérapies simples » ou les « psychothérapies générales » restent assez peu définies. Elles sont cependant toujours employées, peuvent être utiles dans certains cas, et présentent donc plus qu'un intérêt historique. Nous les étudierons dans le présent chapitre.

L'absence d'arrière-plan théorique systématisé ne rend cependant pas entièrement impossible toute classification des « médications psychologiques », ni n'empêche de réfléchir quelque peu sur leur mode d'action. Dans ce domaine comme dans d'autres, et sur ce dernier point, l'absence de théorie véritable se traduirait plutôt par la surabondance des théories. Mais il ne nous sera pas possible d'insister sur ce sujet. D'une façon très simple, et à partir de la nature même de l'intervention psychologique, nous distinguerons et étudierons particulièrement :

— les thérapeutiques par le repos et par l'isolement ;
— la thérapeutique d'encouragement et de soutien ;
— les thérapeutiques de direction ;
— l'éducation et la rééducation ;
— la suggestion et l'hypnotisme ;
— thérapeutiques par l'activité ;
— la psychothérapie de compréhension.

Le fait même que ces thérapeutiques ne disposent pas de fondement systématisé, mais partent à chaque fois de l'idée que telle ou telle situation ou intervention différente doit avoir des vertus thérapeutiques, rend impossible une présentation elle-même systématisée. Nous nous contenterons donc de les présenter successivement.

1. **Les thérapeutiques par le repos et par l'isolement.** — Dès lors que l'on considère que les troubles mentaux ont pour origine une asthénie psychique, il devient naturel de donner valeur thérapeutique au repos. Et il est vrai que de nombreux névropathes se sentent plus ou moins profondément fatigués. Faut-il entrer dans leur jeu et les traiter par le repos systématique ?

Des médecins l'ont pensé. Par exemple W. W. Mitchell (1875) plaçait les patients dans l'immobilité la plus complète, tous les soins leur étant donné par des infirmiers qui devaient leur parler le moins possible. Pour éviter l'atrophie des muscles les malades étaient soumis à des massages quotidiens. La thérapeutique par le repos a pu prendre des formes extrêmes.

Par exemple A. Deschamps (1909), à propos d'un malade qui était resté immobile pendant trois ans écrit : « ... il mérita ainsi de guérir. » Quand ce repos doit-il cesser ? : « On n'en sait rien, le temps ne compte pas, c'est une invention des philosophes » (cité par Janet).

En ce qui concerne la période actuelle, après avoir noté que pour P. Janet le sommeil hypnotique prolongé est considéré comme une thérapeutique de repos, on retiendra que dans l'efficacité de la cure de sommeil doit intervenir la mise au repos des centres nerveux supérieurs.

Il faudrait en effet distinguer entre le repos physique (fatigue générale) et le repos moral. Le repos peut aussi agir par sa signification même de repos et répondre à un besoin conscient ou inconscient du repos comme chose désirable. Faut-il satisfaire ce besoin ? Il s'agira de cas d'espèce. On peut craindre que parfois le repos ne satisfasse des tendances pathologiques.

La thérapeutique du repos, lorsqu'il s'agit du repos moral, psychologique, nous conduit à la thérapeutique de l'isolement. La pratique des « retraites » et leur action reposante pour l'esprit ne sont du reste pas uniquement connues des psychothérapeutes, mais ont été utilisées de tout temps par les religions et les directeurs de conscience.

L'isolement, tel qu'il est le plus souvent conçu et utilisé, est en vérité un isolement par rapport au milieu normal du patient — et non pas un isolement complet. Il ne s'agit donc pas tant d'un véritable isolement, que de la substitution au milieu habituel d'un autre milieu. Dans cette perspective il ne s'agit plus tellement d'isoler, mais d'éloigner l'intéressé d'un milieu qui de quelque manière et à quelque degré détermine et/ou entretient ses troubles. Dans ce cas cependant il convient de s'interroger sur les caractéristiques du nouveau milieu où va vivre la personne concernée. Les troubles ne peuvent-ils pas s'adapter à la maison de santé, s'y installer, et dans une certaine mesure l'ambiance de celle-ci ne fera plus alors que les entretenir. On est ainsi invité à développer les capacités thérapeutiques du milieu en tant que tel, par exemple en y instaurant le travail en commun (ergothérapie), des « occupations » de nature diverse (thérapeutique occupationnelle), ou plus généralement des formes de thérapeutique sociale (psychothérapie institutionnelle). Cependant, on considérera souvent qu'un séjour trop prolongé dans une institution compromet les chances de réinsertion, et l'on tendra en conséquence à réduire sa durée dès qu'une stabilisation sera observée.

2. Thérapeutiques d'encouragement et de soutien. — La nature même de la pratique médicale suggère que le médecin encourage son client dans son effort pour sortir de son état d'affection. On peut ainsi considérer que l'encouragement est un aspect du soin, ou qu'il doit accompagner celui-ci. Dans cet esprit, l'encouragement se réfère aux progrès réalisés et à la vraisemblance des progrès à venir, mais il évite un optimisme excessif dont le malade percevrait l'aspect fallacieux. A cette occasion on peut retenir que les rapports entre le médecin et le malade ont non seulement un rôle central dans ce qui est spécifiquement « psychothérapie », mais qu'ils interviennent à l'occasion de la mise en œuvre de toute thérapeutique, de toute maladie, aussi physique et organique qu'elle puisse paraître et qu'elle soit (M. Balint, *Le médecin, son malade et la maladie*).

La psychothérapie de soutien est le plus souvent ainsi désignée parce qu'elle vise à venir en aide à un sujet dans un moment difficile de son existence. Si l'on considère l'expression sous ce seul sens, on ne peut alors préjuger de la manière dont procède effectivement une telle psychothérapie. Mais il est vrai que l'expression au moins suggère que non seulement dans ce cas la psychothérapie a un effet de soutien, mais aussi que de quelque manière le psychothérapeute a une attitude de soutien, qu'il tend par celle-ci à apaiser, à éviter à son client le développement de sentiments négatifs et d'une trop grande anxiété.

On explicitera dans le chapitre qui suit que le psychanalyste se tient vis-à-vis de son patient dans une attitude de « neutralité bienveillante ». Mais, à supposer que la psychothérapie de soutien prenne la modalité d'une « psychothérapie d'inspiration psychanalytique freudienne », même en ce cas le thérapeute sera amené à donner des informations, à sortir d'une attitude trop expectante, à « assumer la figure d'un bon père permissif, et non d'un juge ou d'un confesseur ». D'autre part, alors que (comme nous le verrons), le développement et l'analyse du transfert jouent un rôle essentiel dans une psychanalyse, dans une psychothérapie d'inspiration analytique les effets de transfert sont utilisés et non pas explicités (René R. Held, *Psychothérapie et psychanalyse*).

3. Thérapeutique de direction. — La psychothérapie de suggestion et l'hypnotisme doivent être considérés comme des thérapeutiques de direction. Cependant elles ont comme caractéristique de faire appel à des processus inconscients. Encore que dans toute psychothérapie de direction (et dans toute psychothérapie) des facteurs inconscients interviennent, il nous a semblé justifié de présenter à part, et en premier lieu, les formes de thérapeutique qui se posent comme telles et qui font appel explicitement à des « raisons » et à des « valeurs ».

Certains « traitements philosophiques » (Janet) entendaient ainsi s'appuyer sur une action de la pensée supérieurement bienfaisante sans qu'aucune référence soit faite aux effets de suggestion qui interviennent à leur propos. Au lieu de se référer à des raisons, on peut s'appuyer sur le développement de certaines convictions et l'adhésion à certaines valeurs. C'est alors la foi commune en certains principes, qui peuvent se présenter comme radicalement idéalistes et spiritualistes (à l'extrême, dans le cas même de maladies organiques, on écartera toute thérapeutique physiologique), qui est présentée comme le fondement et le moteur du changement. On a parlé dans ces cas de « thérapeutique métaphysique ». Encore faut-il ajouter que l'on donne alors à métaphysique un sens bien particulier, et que la métaphysique ainsi conçue et ainsi mise en œuvre devient l'essentiel pour ceux qui en deviennent les adeptes.

Les traitements par la moralisation médicale se veulent plus nuancés et moins excessifs. Ils consistent à faire appel à l'intelligence, à la raison, aux sentiments moraux et même religieux de l'homme pour restaurer sa santé mentale. On en trouverait un exemple dans les anciens travaux de Dubois (Berne, 1904, *Les Psychonévroses*).

Celui-ci traitait les psychonévroses en se servant « de la parole entraînante ». Le thérapeute s'asseoit près du malade chaque jour et s'entretient avec lui d'une manière intime ; il vise (selon l'auteur) à lui faire comprendre qu'il ne souffre d'aucune affection organique, à remplacer l'idée de maladie incurable par l'idée de guérison, les pensées absurdes du mal par des idées philosophiques. Pour cela M. Dubois voulait que « l'on fasse vibrer à l'unisson les cordes de tous les sentiments moraux et de la raison ». On peut alors se demander si ce n'est pas la manière dont le thérapeute parvient à « faire vibrer les sentiments », plutôt que ces sentiments en eux-mêmes, qui joue un rôle essentiel. « Pour moi le fondement, la base unique sur laquelle repose la psychothérapie, c'est l'influence bienfaisante d'un être sur un autre. »

Considérant le comportement du thérapeute on a pu distinguer à propos de celui-ci entre les attitudes suivantes : de « décision », de conseil, d'évaluation, de soutien, d'enquête, d'interprétation, de compréhension. Dans les deux premières de ces attitudes on indique à l'intéressé ce qu'il doit, devrait, ou aurait avantage à faire, penser, ou ressentir. Dans l'évaluation on porte sur ce qu'il fait, pense, ou ressent — d'une façon directe ou indirecte — des jugements implicatifs de certaines valeurs. Par le comportement de soutien, tel qu'on l'entend ici, on tend à apaiser, à réduire l'intensité des sentiments négatifs. Dans l'enquête (et l' « exploration ») le psychothérapeute suggère à son « client » de faire appel à plus d'information, de laisser ses sentiments se développer à telle ou telle occasion, de réfléchir plus avant à tel ou tel propos. L'interprétation vise à dégager (et à communiquer au sujet pour le lui rendre accessible) le sens latent de son dire et de ses conduites. Par la compréhension (sous la modalité où elle est ici considérée) on ne vise pas à expliciter ce qui est latent mais à exprimer aussi authentiquement que possible ce qui est vécu par le sujet, y compris dans la perception plus ou moins claire qu'il en a.

Si, sans discuter ici les problèmes qui se poseraient à ce propos, on laisse de côté comme plus ou moins « non directives » les attitudes d'interprétation, de compréhension, et certaines modalités de l'exploration, on doit cependant noter que les psychothérapies de direction peuvent faire intervenir des attitudes différentes (de suggestion, de conseil, d'injonction, d'évaluation, de soutien et d'enquête sous certaines de leurs formes). D'autre part chacune de ces attitudes peut mettre en œuvre une force contraignante plus ou moins grande, impliquer une directivité plus ou moins large ou étroite, se développer à travers des modalités diverses du rapport psychologique entre le psychothérapeute et son client. Il en résulte que la psychothérapie de direction — si l'on veut employer le singulier — peut admettre de multiples formes — ce que nous avons voulu traduire en parlant « des » thérapeutiques de direction.

Il est vrai qu'elles ont en commun de diriger, ce qui implique quelque dépendance de ceux vis-à-vis desquels elles sont pratiquées. D'un point de vue psychanalytique on peut ajouter qu'elles mettent surtout en œuvre, à des degrés variables selon les cas et circonstances, l'instauration et l'usage d'un transfert positif et de processus d'identification. Mais là encore on désigne plus un ensemble de possibilités admettant une grande variété qu'une pratique homogène et aisée à circonscrire.

4. Education et rééducation. — C'est surtout à partir des travaux de Séguin (1837-1846) concernant les idiots et les arriérés que l'idée d'appliquer aux troubles psychologiques des procédés d'éducation prit de l'importance. Un traitement raisonné fut élaboré par le pédagogue Claudius Chervin pour l'éducation des bègues : ceux-ci étaient entraînés à acquérir une discipline motrice des organes concourant à la parole. Charcot entreprit une réalisation du traitement des paralysies hystériques par la rééducation des mouvements. Le thérapeute effectuait les mouvements devant le malade et les lui faisait regarder avec attention pour mobiliser ensuite le membre concerné en demandant au malade de faire un effort pour suivre le mouvement. Celui-ci devait alors décrire le mouvement et le reproduire avec le membre symétrique. On visait à augmenter la conscience que le malade avait de ses mouvements, par exemple en fixant un index au bout du doigt.

Des procédés du même genre furent appliqués au mutisme hystérique, aux désordres du mouvement, aux contractures. Le traitement progressif de l'anorexie peut être considéré comme une éducation de la fonction de nutrition. Les traitements éducatifs ont été utilisés aussi pour les tics, les crampes professionnelles, les troubles de perception.

D'autre part la rééducation a voulu dépasser le traitement des troubles purement moteurs pour atteindre des troubles psychologiques. N'est-il pas possible de s'attaquer directement, non plus aux mouvements du corps, mais aux « mouvements de l'esprit » ? On peut entreprendre la rééducation psychologique générale en partant de ce qui paraît le moins complexe : la rééducation motrice. Les malades atteints d'anomalies du caractère, de phobies, d'obsessions, peuvent présenter aussi des troubles du mouvement. On fera l'hypothèse qu'une transformation de ces mouvements est apte à retentir sur l'ensemble de l'activité.

La méthode Vittoz (1863-1925), qui a connu un moment de grande célébrité, peut être en grande partie conçue comme une méthode de rééducation de grandes facultés mentales. Dans cet esprit, les premiers exercices sont des « exercices de conscience » : exécutés par le malade assis ils s'adressent tout d'abord à la conscience de la couleur, puis à la conscience de la forme, de l'ouïe, du toucher, du mouvement. Les exercices de concentration viennent ensuite et commencent par les « courants ». Lancer un courant dans une région du corps, c'est diriger sa concentration vers elle. Après les courants, les dessins : le thérapeute trace un dessin avec le doigt, puis le fait tracer de la même façon au malade. Dans les « éliminations », qui succèdent aux dessins, le patient doit écrire des chiffres ou des lettres par la pensée puis les effacer de la même façon. Les exercices de concentration se terminent avec les « appels d'état ». Par états on entend par exemple : l'excitation légère, la surexcitation, le calme, l'angoisse... On fait appel à l'un de ces états en se plaçant en pensée dans une situation qui fait appel à l'un de ces états. Enfin les exercices de volonté « couronnent l'édifice ». On doit à propos de ces exercices tenir compte de trois principes : la volonté doit être précise, possible, sincère (1).

5. **Suggestion et hypnotisme.** — Sans porter de jugement général sur la nature des guérisons miraculeuses ou magiques, on peut montrer (en suivant P. Janet) que des facteurs psychologiques y entrent en action dans un grand nombre de cas. De très nombreux « miracles médicaux » sont préparés, on cherche à les reproduire, ils comportent un magicien, un prêtre, des cérémonies et rites consacrés, des efforts des participants. Ils correspondent à des paralysies, des contractures, qu'aucun des traitements habituels ne parvient à faire disparaître ; c'est-à-dire à des maladies qui ne sont ni traitables ni précisément définissables en termes psychologiques.

Pour P. Janet le « magnétisme animal » semble avoir joué un rôle intermédiaire entre les traitements magiques et les thérapeutiques psychologiques.

On admet en général que le magnétisme animal a été introduit par Mesmer. Celui-ci pratiqua à Paris, à partir de 1778. Sa doctrine était fondée sur l'existence d'un fluide assez proche du « fluide » de l'aimant, mais agissant surtout sur les êtres vivants. Mesmer opérait avec un grand apparat et des cérémonies propres à impressionner. Il semble bien que son efficacité thérapeutique ne pût survivre aux attaques qui la mirent en doute et surtout la tournèrent en ridicule.

Par la suite, en poursuivant des expériences sur le magnétisme animal, Puységur devait mettre en évidence des phénomènes de somnambulisme provoqué et en donner une bonne description. Le sujet s'endort, rien ne peut le réveiller, il se lève et se met à parler, il obéit aux suggestions que lui donne celui qui l'a endormi, quand il s'est réveillé il paraît avoir oublié tout ce qui vient de se passer.

(1) G. Montandon, *Technique de traitement de la psychasthénie par la méthode Vittoz*, J.-B. Baillière éd., Paris, 1942.

Nous ne pouvons signaler que pour mémoire les ouvrages qui traitent de l'éducation de la mémoire, de la confiance en soi, de la volonté, etc., mais qui n'appartiennent pas vraiment à la psychothérapie.

Cependant, dès le début du magnétisme animal, aux « fluidistes » (dont nous venons d'évoquer les conceptions), s'étaient opposés les « animistes ». Les seconds soutenaient que tout dépendait des modifications opérées sur la psychologie des sujets. C'est ainsi que Bertrand (1820) exprime clairement que dans le somnambulisme les sujets s'endorment parce qu'ils pensent à s'endormir et se réveillent parce qu'ils ont l'idée du réveil.

Après Richet, Charcot (hypnotisme de la Salpêtrière, école de Paris) veut introduire l'étude de l'hypnotisme sur un terrain plus scientifique. Il prétend suivre une méthode cartésienne, commencer par l'étude des phénomènes les plus simples, donner une description et une analyse claire des phénomènes (distinction entre trois états : léthargie, catalepsie, somnambulisme), étudier avec précision les modifications des réactions musculaires et nerveuses observables, et fonder ce qui serait un peu une physiologie de l'hypnotisme.

Mais, dès 1884, Bernheim commence à exposer que l'hypnotisme est essentiellement un phénomène de suggestion (école de Nancy). Il nie l'existence des trois phases décrites par Charcot, l'hypnotisme de la Salpêtrière étant un « hypnotisme de culture ». Si Charcot voyait dans l'hypnose un état pathologique, pour Bernheim il s'agit d'un phénomène psychologique normal. Ainsi, en reconnaissant que l'état hypnotique était un état particulier de sommeil provoqué par suggestion, en reconnaissant que dans ce sommeil les sujets devenaient particulièrement perméables à toute nouvelle suggestion, on donnait aux faits hypnotiques leur réalité psychologique (1).

La nature même de la suggestion peut être conçue de deux façons : la suggestion sera essentiellement action d'un homme sur un autre homme, influence, ou elle sera surtout « la réalisation d'une idée par l'intermédiaire d'un processus subconscient » (Ch. Baudoin). Dans cette perspective l'autosuggestion est le type de toute suggestion.

Ch. Baudoin (2) distingue trois modalités de suggestion : la suggestion spontanée, la suggestion provoquée ou hétérosuggestion, la suggestion réfléchie ou autosuggestion. En visant à éduquer le sujet à sa propre autosuggestion, on le

(1) Parmi ceux qui étudient les phénomènes para-normaux — phénomènes dont l'existence prête à controverses — on trouve toujours des défenseurs de l'existence de phénomènes de type magnétique. Nous sortons alors de ce qui est — au moins officiellement— considéré comme scientifique.

(2) *Suggestion et autosuggestion*, cf. Baudoin, Delachaux & Niestlé.

mettrait à l'abri des dangers qu'on a objectés à l'hétéro-suggestion (culture des automatismes, affaiblissement de la volonté). La suggestion se trouve activée par une attitude exclusive de l'attention (monoïdéique), renforcée par tout effort contraire à la suggestion déclenchée (loi de l'effort « converti »), favorisée par l'émotion, la conviction, l'entraînement, l'exemple de la même suggestion réalisée chez autrui, le sommeil.

Sa valeur pratique est avant tout d'ordre éducatif, et en tant que suggestion réfléchie. Elle rendrait des services considérables chez les enfants, dans les troubles mineurs de la mémoire et de l'attention, dans les carences du contrôle, les peurs, les phobies et la timidité. Elle enregistrerait des succès dans les troubles physiques d'origine fonctionnelle.

L'hypnotisme connut une période de véritable épanouissement (1885-1900). Par la suite, au moins en France, il devait autant se trouver effacé que sa réussite avait paru éclatante (critique péjorative de Babinski). A l'étranger l'hypnose continua à soutenir l'intérêt. Aux Etats-Unis en particulier l'utilisation de l'hypnose a connu un certain renouveau. C'est ainsi que par exemple l' « hypnoanalyse » s'est développée. Elle se présente clairement comme « un mélange proportionné de psychanalyse et d'hypnose, mélange justifié théoriquement par la nature de ces deux techniques et qui est, par un emploi judicieux, pratiquement assuré d'avantages évidents dans des cas soigneusement sélectionnés » (1). Dans l'hypnoanalyse, le thérapeute recourt au sommeil hypnotique, il conduit progressivement ses suggestions en tenant compte des symptômes du patient, de ses souhaits et réactions. Dans l'état hypnotique le sujet doit être capable d'opérer sans difficulté un rappel des souvenirs, capable aussi de re-participer mentalement à des événements antérieurs, capable enfin de suivre des suggestions d'amnésie posthypnotiques. L'amnésie a pour but d'éviter au sujet la révélation traumatisante de certaines expériences. Cependant, peu à peu, selon une progression prudente, il est conduit à se souvenir des séances et amené à la prise de conscience. L'hypnoanalyse, sous ce dernier aspect, se révèle bien différente de l'hypnose : elle vise à préparer la prise de conscience sous hypnose en utilisant une analogie possible avec le vécu.

(1) L'hypnoanalyse, R. M. Lindner, dans *Techniques spécialisées de la psychothérapie*, G. Bychowski et J. L. Despert, P. U. F. éd., Paris, 1958.

6. Thérapeutiques par l'activité. — Les thérapeutiques par l'activité ne sont pas nécessairement aussi éloignées des thérapeutiques du repos qu'on le croirait à première vue. De même que le repos et l'isolement peuvent éloigner de situations qui entretiennent des troubles, l'activité peut « tenir à l'écart » d'éléments déséquilibrants.

On a remarqué depuis longtemps que l'effort personnel, la vie sociale pouvaient avoir un effet heureux. Il arrive que des guérisons, momentanées ou plus stables, coïncident avec des périodes d'activité. Inversement des symptômes névrotiques se manifesteront au moment où l'activité est réduite.

La thérapeutique « occupationnelle » consiste à proposer aux malades une série d'occupations d'intérêts et de niveaux très variés. Certains ateliers proposent un travail plus ou moins difficile et élaboré (ergothérapie), d'autres une expression artistique (arthérapie, musicothérapie, théâtrothérapie), d'autres enfin des activités sportives, récréatives (ludothérapie).

On peut regretter le terme d' « occupationnel », car ces activités veulent dépasser le niveau de la simple occupation, du passe-temps. On vise à travers elles à permettre une expression et une certaine modification intégratrice d'affects refoulés pathogènes, la découverte ou redécouverte de formes de production et de créativité, l'apprentissage de nouvelles relations humaines. De ce dernier point de vue, les thérapeutiques par l'activité doivent avoir des relations étroites avec la « sociothérapie » (psychothérapie institutionnelle). Aussi, dans une perspective socio-thérapeutique, le flux événementiel qui correspond à ces diverses activités doit-il être analysé et contrôlé en réunion avec l'équipe médico-psychologique.

L'ergothérapie (thérapie par le travail), en dehors de son effet de distraction (d'occupation), par les exercices physiques et psychiques qu'elle suscite, doit conduire les sujets à une plus grande maîtrise de leurs facultés, au développement de celles-ci, à leur véritable appropriation. Elle favorise toutes les « récupérations » : de l'attention, du jeu associatif, du rapport au réel et aux autres, des initiatives. Elle entraîne une certaine détente affective par la dimension de « raison » et d'objectivité qu'elle peut introduire dans les rapports humains. Enfin, par les résultats productifs qu'elle apporte elle permet aux sujets de prendre conscience de leurs capacités et des progrès de celles-ci, de reprendre confiance en eux-mêmes.

Cependant des déséquilibrés solitaires ou antisociaux peuvent être à l'origine de difficultés plus ou moins grandes. Les échecs dans le travail peuvent avoir un effet contraire à celui qui est cherché. Les entreprises d'ergothérapie doivent donc être pensées et réalisées avec soin, suivies par un personnel spécialisé et compétent. Des modalités de gestion nouvelles (associations 1901) permettent une grande souplesse dans l'application de l'ergothérapie à l'hôpital public. Soulignons enfin à nouveau que l'ergothérapie, en tant que thérapeutique occupationnelle, doit être associée à la sociothérapie. On voit ainsi la psychothérapie s'étendre et se compléter par des thérapeutiques psychosociales et sociales.

7. **La psychothérapie de « compréhension ».** — On doit souligner, dans les psychothérapies de direction elles-mêmes, qu'une action vraiment adaptée du thérapeute n'est possible que dans la mesure où celui-ci communique avec le malade et le comprend. D'une autre façon, l'action morale peut être une action qui ne se manifeste pas comme explicitement moralisante, ou qui, en tout cas, ne s'impose pas. Plus qu'être moralisateur, le médecin doit donner lui-même, dans ses relations avec les malades, des exemples de conscience, de justice, de dévouement, et de compréhension. Telle nous semble être, par exemple, l'attitude de H. Baruk. Bien que cet auteur souligne l'importance de la conscience morale (des troubles seraient dus à un véritable refoulement du sens de la justice), nous considérons plus la psychothérapie qu'il défend comme une psychothérapie de compréhension que de direction morale (1).

On conçoit du reste très bien que, d'un point de vue très strictement moral, la moralisation puisse être déconseillée. Une morale qui s'impose peut souvent être vécue comme une atteinte à la liberté — et le psychothérapeute qui l'impose ne fera souvent que satisfaire ses propres tendances autoritaires. D'un autre côté, une moralisation explicite aura souvent pour résultat d'indisposer le malade, de susciter sa résistance, et aboutira à l'échec le plus complet.

Dans ce qui précède, cependant, la compréhension apparaît comme une condition de l'action psychothérapeutique, mais ne constitue pas l'essentiel de celle-ci. On peut penser, au contraire, que dans la mesure où le malade mental est coupé du monde des hommes, où il est un isolé, un incompris, l'acte thérapeutique consistera dans son principe même à rétablir une communication entre le malade et le monde humain, à lui retrouver un sens accessible aux autres et à lui-même,

(1) H. BARUK, *Psychiatrie morale, expérimentale, individuelle et sociale*, P. U. F.

à le comprendre et à le faire se comprendre dans ses relations avec lui. Les psychothérapies qui insisteraient sur cette démarche seraient alors vraiment des psychothérapies de compréhension.

Nous verrons par la suite que, à certains égards, la psychanalyse est une psychothérapie de compréhension. Elle possède cependant des caractères distincts beaucoup trop nombreux et systématisés pour que nous puissions la ranger sous cette rubrique.

Par contre, on peut dire que presque toutes les psychothérapies qui, sans être psychanalytiques, utilisent des perspectives d'inspiration psychanalytique — ou ont été influencées directement ou indirectement par la psychanalyse — doivent être classées dans ce groupe. Une grande partie des « psychothérapies simples » — c'est-à-dire des psychothérapies effectuées d'une façon plus ou moins empirique par des thérapeutes qui n'adhèrent pas à des écoles définies — sont des mélanges de thérapeutiques de direction et de compréhension et sont conduites à partir d'idées plus ou moins psychanalytiques (1).

I. — *La thérapie non directive*

Il doit être possible de classer parmi les thérapies de compréhension la thérapie « non directive » (2). Combs a donné les quatre principes qui forment selon lui la base de la thérapie non directive : 1° L'individu a une grande capacité d'adaptation ou de croissance ; 2° Il convient de mettre l'accent sur les aspects émotionnels des problèmes plus que sur leurs aspects intellectuels ; 3° La situation immédiate doit être plus examinée que les traumatismes anciens ; 4° La relation entre le thérapeute et le malade est une expérience ouverte et qui doit être conçue dans un sens de progrès. Mais ce qui nous intéresse ici c'est que le rôle du conseiller doit être celui d'un véritable miroir (actif cependant) : il doit mettre en évidence (comprendre) aussi fidèlement que possible les sentiments qui accompagnent les paroles et les attitudes du malade.

On notera tout d'abord que, tout en se différenciant à plusieurs égards d'une manière importante de la psychana-

(1) Nous dirons un mot plus loin (chap. VI) des thérapeutiques d'Adler et de Jung, dont nous ne parlons pas ici car il leur correspond un arrière-plan théorique et doctrinal trop lourd.

(2) C. R. Rogers, *Client centered therapy*, Houghton Mifflin, 1951 ; M. Pagès, *L'orientation non directive en psychothérapie et en psychologie sociale*, Dunod éd., Paris, 1965.

lyse, la thérapie « centrée sur le client » se situe dans une même grande orientation générale, orientation qui a du reste été introduite par la psychanalyse.

On peut donner une présentation résumée de la thérapie de Rogers dans la mesure où il en a lui-même présenté les principes d'une façon condensée et systématique. On envisagera d'une part les conditions de la relation thérapeutique, d'autre part son processus.

— *Conditions de la relation thérapeutique :*

1. Que deux personnes soient en contact.
2. Que le client soit en état d'incongruence, de vulnérabilité ou d'angoisse.
   L'incongruence correspond à un désaccord entre l'image du moi et l'expérience vécue, réelle.
3. Que le thérapeute soit en état de congruence, au moins pendant les séances et dans sa relation avec le client. Quand les expériences relatives au moi sont correctement symbolisées et intégrées à la structure du moi, il y a accord entre le moi et l'expérience.
4. Que le thérapeute éprouve des sentiments de considération positive inconditionnelle à l'égard du sujet. Si les expériences d'une autre personne relatives à elle-même l'affectent toutes comme également dignes de considération positive.
5. Que le thérapeute éprouve une compréhension empathique du cadre de référence interne du client :
   — cadre de référence interne : l'ensemble des expériences disponibles à la conscience du sujet ;
   — Empathie : consiste en la perception correcte du cadre de référence avec ses valeurs subjectives et ses harmoniques.
6. Que le client perçoive, ne fût-ce que dans une mesure minime, que les conditions 4 et 5 sont réalisées.

— *Processus de la relation thérapeutique :*

1. Le client se sent de plus en plus capable d'exprimer ses sentiments.
2. Les sentiments se rapportent de plus en plus au moi.
3. La symbolisation des expériences devient plus correcte et plus différenciée.
4. Les sentiments concernent de plus en plus l'incongruence.
5. Le client en vient à éprouver consciemment la menace que comporte ce désaccord interne. Il est alors aidé

par l'appui que lui apporte la considération positive inconditionnelle.

6. Le patient en vient à éprouver pleinement certains sentiments jusqu'ici déformés et désavoués.
7. L'image du moi change de manière à permettre l'intégration d'éléments d'expérience déformés ou désavoués.
8. L'accord entre la structure du moi et l'expérience totale s'accroît. La congruence augmente.
9. Le client devient plus capable d'éprouver la considération positive inconditionnelle sans se sentir menacé.
10. Il éprouve de plus en plus une considération positive inconditionnelle vis-à-vis de lui.
11. Il se rend compte qu'il est le centre d'évaluation de son expérience.
12. L'évaluation de son expérience devient de plus en plus organismique.

Pour Rogers c'est une propriété fondamentale de tout organisme qui permet au processus thérapeutique de se réaliser. Tout organisme est en effet animé d'une tendance inhérente à développer toutes ses potentialités et à les développer de manière à favoriser sa conservation et son enrichissement.

On notera que nous aurions pu présenter la thérapie non directive dans le chapitre « Diversification de la psychothérapie », car elle fait partie des psychothérapies post-psychanalytiques que nous avons regroupées sous ce titre. Cependant, dans la mesure où elle est centrée sur les vertus de la compréhension empathique, elle est bien en continuité avec une visée plus ancienne qui fait confiance aux forces de croissance « naturelles » (et que l'on trouve par exemple exprimée dans l'œuvre de J.-J. Rousseau). L'orientation non directive s'est manifestée en dehors de la psychothérapie, par exemple en pédagogie. On peut se demander à son propos jusqu'à quel point elle est l'expression d'une idéologie.

II. — *Orientation existentielle*

Dans une direction différente, il nous apparaît que les essais de « psychothérapie existentielle » sont essentiellement des tentatives pour réaliser d'une façon à la fois plus ouverte et plus profonde une compréhension des malades qui permettrait de les intégrer à un plan humain supérieur où leur liberté serait en mesure de se réaliser. A noter que la psychothérapie existentielle peut être plus ou moins proche d'une psychanalyse existentielle.

Nous prendrons comme exemple la « logothérapie » de V. E. Frankl (1). Celui-ci, à la différence de Freud, affirme l'existence d'un inconscient spirituel, d'un « je » qui existe sur tous les plans (conscient, préconscient, inconscient). Du reste, alors que la frontière entre conscient et inconscient est d'une importance relative, la distinction entre esprit et instinct est fondamentale.

Le « je » spirituel, siège de la conscience morale et de la responsabilité est vraiment le centre de l'individu. Ce qu'on exprimerait en disant que « je suis une personne » mais que « j'ai un appareil psycho-physique ». L'élément existentiel-spirituel n'est pas entièrement conscient : à sa source profonde il s'accomplit et se consomme dans une entière unité qui est réfractaire à tout dédoublement introspectif. Mais les décisions de la conscience morale sont toujours fonction d'une situation concrète, unique et spécifique de l'individu. La conscience morale ne peut ainsi être de nature instinctuelle : l'instinct est schématique et rigide ; il ignore la singularité de l'individu et de l'instant.

Puisque l'homme est libre dans la mesure où il peut se soustraire à ce qu'il « a » — à ses instincts — le champ de sa liberté s'étend au delà de sa propre personne et la conscience morale est transcendante. Son aspect psychologique n'est qu'un aspect partiel : celui de son insertion dans la personne. Il ignore sa transcendance bien qu'il la laisse supposer.

Le rôle essentiel de la psychothérapie est de faire appel à l'existence spirituelle, de la dégager de son emprisonnement apparent dans la facticité psycho-physique. Il s'agit de retrouver la spontanéité et le jeu d'actuation normale de la personne profonde. Pour cela, il faut permettre au « je » de se faire comprendre, de se comprendre, de « reprendre connaissance ».

La religiosité du malade ne doit pas être utilisée comme un moyen thérapeutique — mais elle est la source dynamique des actes par lesquels le « je » se trouvant se réalise et se mettra en relation avec la transcendance. Cependant le psychothérapeute existentiel ne doit pas se faire « le fourrier de la

(1) Victor E. Frankl, *Aerztliche Seelsorge*, 1946, Franz Denticke, éd. ; *Der Unbewuste Gott*, 1948, Amandus, éd., Vienne. Présentation du dernier ouvrage dans *L'Evolution psychiatrique*, 1948, IV, p. 229.

théologie ». C'est le malade lui-même qui abordera des problèmes qui relèvent de sa plus entière responsabilité (1).

8. **Utilisation des thérapeutiques psychologiques.** — Des problèmes particuliers sont liés aux différentes psychothérapies que nous venons de présenter. Mais en fait un problème se poserait cependant d'une façon tout à fait générale. Il reviendrait à se demander laquelle ou lesquelles de ces différentes méthodes il convient d'employer. En effet, les auteurs qui les ont employées ou les emploient ont tendance à considérer que les techniques (ou la technique) qu'ils utilisent sont efficaces pour la plus grande partie des névroses — voire à penser qu'elles sont (ou qu'elle est) les seules efficaces. Serait-il donc nécessaire d'effectuer la critique de chaque méthode de façon à n'en conserver que quelques-unes (ou qu'une) qui constitueraient alors toute la psychothérapie ?

Une telle façon de faire n'irait pas sans inconvénients, en particulier elle irait à l'encontre des capacités prospectives des pratiques psychothérapeutiques. D'autre part, nous avons déjà noté que chaque thérapeutique mentale peut à la fois être efficace dans certains cas et inefficace dans d'autres. Certains symptômes, liés à l'action de l'entourage ou à la présence d'une situation éprouvante, disparaîtront par l'isolement et le simple repos. Dans d'autres cas, une thérapeutique par l'activité — effectuée dans de bonnes conditions et avec un personnel compétent et enthousiaste — permettra de réintroduire les malades à une vie sociale satisfaisante. Mais il arrivera qu'aucune de ces méthodes ne puisse donner de résultats vraiment satisfaisants. La rééducation planifiée a donné de bons résultats dans de nombreux cas — elle ne peut suffire à tout. La suggestion systématique ou même l'hypnotisme, si on ne peut leur attribuer tous les résultats auxquels ils prétendaient, ne manquent cependant pas de possibilités. Quant à la psychothérapie de direction et de compréhension, dont on peut dire qu'elle est aujourd'hui la plus généralement utilisée — son efficacité est très variable, fonction du thérapeute comme de la technique utilisée — mais peut certainement être très grande. On notera enfin que

(1) Sur la psychanalyse existentielle on se reporterait aussi aux idées de BINSWANGER (L.), Der Fall Ellen West et Ueber die daseinanalytique Forschungsrichtung in der Psychiatrie, *Archives suisses de Neurologie et de Psychiatrie*, 1944-45 et 1946, vol. 57.
Voir aussi : L. BINSWANGER, *Introduction à l'analyse existentielle*, Paris, Ed. de Minuit ; ALLPORT, MASLOW, MAY, ROGERS, *Psychologie existentielle*, Paris, Epi éd.

les distinctions faites entre les techniques sont assez arbitraires : toute intervention thérapeutique fait intervenir d'autres procédés que celui auquel on veut s'adresser de préférence. Il semble ainsi difficile de faire de la rééducation sans direction — aussi bien qu'en éliminant toute suggestion. D'une autre façon la progression d'un traitement par la suggestion fait intervenir une action éducatrice. On peut même dire que toute psychothérapie fait intervenir à un titre ou à un autre la plus grande partie des processus que nous avons présentés.

De toute façon un nouveau problème se pose. Si les différents procédés d'action thérapeutique sont tantôt efficaces, tantôt peu indiqués ou même nuisibles, il serait désirable de pouvoir préciser dans quels cas chacun d'eux doit intervenir et dans quels cas il ne le doit pas.

Nous disposons certes d'éléments d'appréciation et de connaissances générales qui nous permettent dans une certaine mesure de déterminer quel traitement est préférable pour un sujet donné. Mais les connaissances dont nous disposons restent peu précises ; leur fondement est empirique — nos éléments d'appréciation sont vagues, d'une importance variable, leur interprétation fait entrer en jeu des facteurs subjectifs indiscutables et importants.

L'absence de règles précises n'est évidemment pas un prétexte suffisant pour abandonner toute action. Un traitement empirique, dont le mécanisme comme l'indication ellemême peuvent donner lieu à discussions, vaut mieux, sous les précautions de prudence requises, que l'absence de traitement. Tout ce que l'on peut dire c'est que dans une telle situation la personnalité comme le sens psychologique du thérapeute doivent jouer un rôle important.

Mais nous allons voir maintenant que la psychanalyse nous apporte, au moins d'une façon intéressante, les conceptions théoriques et techniques dont nous manquons jusqu'ici.

Chapitre III

LA PSYCHANALYSE

Nous avons déjà vu qu'il n'y avait pas de psychothérapie possible sans relation entre thérapeute et patient. Sans doute, certains aspects de cette relation peuvent être inconscients, mais, sous une forme ou l'autre, celle-ci doit exister pour qu'une action thérapeutique puisse être envisagée.

L'apport essentiel de la psychanalyse a été, d'une part, d'établir une théorie des relations malade-psychothérapeute, d'autre part, et à partir d'une expérience détaillée de ces relations particulières, de mettre en évidence l'aspect déterminant de certaines « relations » humaines par rapport aux relations humaines en général. Ajoutons que, parmi ces « relations », il ne conviendrait pas de négliger celles de l'être avec lui-même ou de certaines parties de l'être avec d'autres parties.

La psychanalyse nous fournit à la fois une science psychologique générale, qui nous permet de comprendre la formation et l'évolution de l'homme, et une technique thérapeutique — les deux formant du reste une véritable unité. Il n'est pas possible de parler de technique psychanalytique sans se référer à la « science » psychanalytique. Avant d'examiner la psychanalyse comme psychothérapie nous aurons donc à présenter rapidement celle-ci comme « science » psychologique.

La nature de l'ouvrage actuel est telle que nous devrons être anormalement bref. Dans ces conditions il ne nous sera pas possible d'être démonstratif, de chercher à entraîner la conviction par le mode d'exposition ni par le nombre des exemples. Notre but sera simplement d'exposer avec le maximum de concision ce qu'est la psychanalyse — de façon à montrer quelle place elle occupe comme psychothérapie. Elle s'est constituée, par rapport aux psychothérapies antérieures, comme la seule psychothérapie systématisée. De nos jours encore, on peut considérer qu'elle est la seule à l'être d'une façon étendue, et à pouvoir fournir un cadre interprétatif très général à d'autres psychothérapies.

I. — La « science » psychanalytique

Celle-ci a pour fondements essentiels :

— Un certain nombre de principes généraux qui doivent régir l'ensemble des faits humains ;

— Une analyse de l'évolution de l'enfance et des faits de cette période qui seront déterminants pour la constitution du caractère de l'adulte ;

— Un schéma dynamique de l'appareil psychologique de l'homme.

A) *Principes généraux*

La psychanalyse commence par poser l'existence d'un véritable déterminisme psychologique. Elle veut étudier la détermination psychologique des faits psychologiques. Freud insiste inlassablemens sur ce point. C'est ainsi que, dans l'étude des rêves, ou des actes manqués, on devra substituer à des schémas qui attribuent ces phénomènes à des défaillances et au hasard, des explications précises qui rendent compte de leur nature. Il n'est pas indifférent que nous rêvions telle chose plutôt que telle autre — car ce que nous rêvons est en relation directe avec ce que nous sommes psychologiquement. En ce qui concerne l'étude des névroses on ne s'intéressera (au moins en première approche) pas tant à leur nosographie qu'à leur contenu, qu'au sens des symptômes. C'est le sens des symptômes qui nous permettra d'atteindre leur cause. Dans une phobie, nous devons étudier le contenu de la phobie et rechercher ce qui, dans la vie antérieure du malade, peut expliquer la nature de ce contenu. Les symptômes présents seront mis en relation avec des attitudes qui auraient été déterminées par des expériences passées. La psychanalyse établit l'existence d'un véritable plan de causalité psychologique (ce qui n'exclut évidemment pas l'action des facteurs physiologiques). Soulignons qu'elle met en rapport entre eux des aspects précis de faits concrets et non des entités générales (1).

L'existence d'une causalité psychologique nous semble introduire celle des faits, des tendances, ou des facteurs inconscients. Si nous admettions en effet que les faits psychologiques qui déterminent d'autres faits psychologiques sont toujours conscients ainsi que leur relation, il n'y aurait pas de psychologie à constituer, cette science serait en quelque sorte présente à nous-même, il suffirait de quelque réflexion pour l'atteindre. On peut penser du reste que ce point de vue a été longtemps celui de la psychologie classique et considérer que celle-ci ne s'occupait pas de mettre en évidence de véritables relations de détermination dans la mesure où elle estimait que celles-ci étaient toutes données ou en tout cas directement accessibles. Se préoccuper de l'existence d'une causalité psychologique, c'est au contraire poser cette causalité comme « à trouver », et, dans la mesure où celle-ci porte sur des aspects importants

(1) Ce qui a été bien souligné par POLITZER dans *Critique des fondements de la psychologie*. Le terme de causalité est ici utilisé en première approximation. Nous ne pouvons discuter par manque de place de la nature de cette « causalité ».

de la vie humaine, presque corrélativement, envisager que cette dernière est soumise dans une large mesure à des actions qui ne nous sont pas directement connues. Le second principe qui sert de fondement tout à fait général à la psychanalyse s'exprimerait de la façon suivante : les causes psychologiques de nos conduites nous sont très souvent inconnues. Ajoutons que, dans la mesure où ces causes sont psychologiques et immédiatement agissantes, elles doivent apparaître par certains aspects de nos conduites, qui, s'ils étaient connus, en les exprimant explicitement nous les rendraient conscientes. Il ne peut exister de motivation inconsciente des conduites que dans la mesure où ces conduites sont en partie inconscientes, puisque aussi bien une conduite n'est vraiment consciente que par la conscience de sa motivation (1).

Nous présenterons en troisième lieu ce qu'on peut appeler le principe « dynamique » de la psychanalyse. A partir de ce principe les causes qui déterminent notre conduite pourraient se concevoir comme des forces orientées et plus ou moins intenses. Notre conduite dépendrait du caractère de ces forces, de leurs rapports, de la nature de leur équilibre, de leur structure.

Les transformations de cet équilibre entraîneraient des modifications correspondantes de nos conduites. La psychanalyse étudie donc la façon dont ces forces s'organisent, la façon dont elles évoluent. De plus, et dans la mesure même où ces forces se transforment, se déplacent, elle étudie leur économie. Le point de vue dynamique est accompagné d'un point de vue énergétique (ou il l'englobe).

B) *Premier développement de la sexualité infantile*

Ces trois principes généraux : déterminisme psychologique, existence de motivations et de phénomènes inconscients, nécessité d'utiliser des schémas dynamiques dominent la psychanalyse. Ils ne lui donnent en rien son contenu. Nous allons donc maintenant nous demander : quelles relations humaines

(1) Consulter *L'Inconscient*, J.-C. FILLOUX, « Que sais-je ? », P. U. F. Sur la psychanalyse en général : D. LAGACHE, *La psychanalyse*, « Que sais-je ? », P. U. F.

Autrement, si la littérature sur la psychanalyse est considérable, on doit noter l'aide que peut apporter : J. LAPLANCHE et J.-B. PONTALIS, *Vocabulaire de la psychanalyse*, P. U. F.

dont l'homme n'a pas naturellement connaissance conditionnent la nature de sa personnalité ? Plus précisément et en fonction de notre sujet : quelles peuvent être les causes psychologiques inconscientes des névroses ?

La psychanalyse répond à cette question par une étude détaillée de l'enfance et surtout de la première enfance. Ce sont des contraintes ou des événements traumatisants survenus dans l'enfance qui sont à l'origine des névroses. Ces faits sont inconscients, ils ne sont pas connus des malades. D'autre part, ils sont de nature sexuelle, en donnant à ce mot un sens très élargi. En effet, l'étude des composantes sexuelles normales, celle des perversions sexuelles, comme un examen précis des conduites infantiles tendant au plaisir — nous montrent que le sexuel a unc extension beaucoup plus grande que le génital et que son évolution domine la maturation de l'homme.

Le développement sexuel de l'enfant est marqué par trois grandes phases successives : la phase orale, la phase anale et la phase génitale.

Le but de la phase orale est en premier lieu le plaisir d'une stimulation auto-érotique d'une zone érogène et en second lieu l'incorporation des objets. Chez l'adulte, le baiser, certaines pratiques plus ou moins perverses, l'habitude de boire ou de fumer peuvent être en relation avec la phase orale. Liées à la phase orale, nous trouvons des frayeurs spécifiques, spécialement la peur d'être mangé. En effet, à cette période l'union à un objet se fait en mangeant ou en étant mangé. Il faut noter de plus que l'incorporation détruit objectivement ce qui est incorporé. Ainsi, dès qu'une conception des objets est établie, le caractère objectivement destructeur de l'incorporation facilite les relations entre l'incorporation et le sadisme, particulièrement si des frustrations définies ont été endurées. De cette façon, Abraham a pu différencier entre deux sous-périodes du stade oral : une sous-période dans laquelle existe seul le plaisir de sucer, et une sous-période ambivalente, venant après l'apparition des dents, où l'on peut mettre en évidence le but de mordre l'objet. Les facteurs de fixation à cette phase peuvent être classés de la façon suivante : satisfaction excessive qui rend difficile la renonciation, frustration excessive qui donnera lieu à des attitudes de défense et de revendication permanentes (répétitions névrotiques), indulgence excessive qui peut rendre les petites frustrations aussi graves que des frustrations plus importantes, alternance entre

Stades de l'organisation de la libido		Stades de développement de l'objet d'amour	Point dominant de fixation dans
1° Premier stade oral (succion)		Auto-érotisme (pas d'objet, pré-ambivalence)	Certains types de schizophrénie
2° Second stade sadique oral. .	Ambivalent	Narcissisme : totale incorporation de l'objet	Désordres maniaques dépressifs
3° Premier stade sadique anal.		Amour partiel avec incorporation	Paranoïa, certaines névroses de conversion prégénitale
4° Second stade sadique anal. .		Amour partiel	Névroses obsessionnelles, autres névroses de conversion prégénitale
5° Premier stade génital (phallique).		Amour objectal, limité par la prédominance du complexe de castration	Hystérie
6° Stade génital terminal.		Amour	Normalité

frustration et satisfaction excessives, expérience de satisfaction instinctive simultanée à une impression de protection contre l'angoisse ou quelque impulsion effrayante. D'une façon ou d'une autre on découvre presque toujours à quelques degrés des fixations orales dans les névroses. Cependant c'est le cycle maniaque-dépressif qui présente les manifestations les plus nettes de fixation à ce stade.

Le plaisir anal est certainement présent dès le début de la vie. Cependant, dans la seconde année, la zone anale érogène paraît devenir dominante. Le but premier de l'érotisme anal est le plaisir des sensations de l'excrétion. Par la suite peut s'y ajouter le plaisir de la rétention où se rejoignent un plaisir érogène et une défense contre l'anxiété que peut amener un trop grand plaisir anal. Du reste la rétention ne fait que préparer un plaisir anal plus grand. Le sadisme de la phase anale est dû en partie au caractère destructeur de l'incorporation. D'un autre côté l'élimination est aussi destructive que l'incorporation. On notera de plus que l'enfant peut profiter de l'instauration de la discipline sphinctérienne pour s'opposer à ses premiers éducateurs. Enfin le rectum est un organe creux qui peut rejeter activement ou être passivement traversé par un corps étranger. D'autre part, si les premières tendances anales sont auto-érotiques les fèces ne tardent pas à apparaître comme des choses extérieures qui cependant viennent de nous et peuvent ainsi représenter une relation avec le monde extérieur. Elles peuvent exprimer la tendresse d'une manière archaïque (un don fait à la mère), ou aussi bien, après leur condamnation, l'hostilité (voir le langage argotique). Abraham a divisé la phase anale en deux sous-périodes. Une première où il n'y a pas prise en considération des fèces. Une seconde où celles-ci prennent une réalité psychologique, où elles peuvent ainsi être retenues, ou données, ou rejetées avec haine.

Nous ne pouvons prendre ici en considération l'érotisme urétral ni l'existence d'autres zones érogènes. Nous passerons donc immédiatement à la phase phallique.

A la conclusion de la sexualité infantile l'intérêt pour le génital et pour la masturbation génitale prend une importance prépondérante. En effet, la masturbation est normale dans l'enfance, elle est aussi normale dans les conditions sociales actuelles à l'adolescence, ou même chez l'adulte quand aucun objet sexuel ne peut être atteint. La masturbation de l'enfant apparaît comme un moyen qui permet de maîtriser graduellement l'excitation sexuelle. A cette période, on peut considérer que le garçon s'identifie avec son pénis qui devient particulièrement riche en sensations. La peur de perdre cet organe est nommée « crainte de la castration ». Elle peut être comparée, par exemple, à la crainte d'être mangé à la phase orale. L'angoisse de castration peut être amenée par des menaces directes ou indirectes prononcées par les adultes ou par l'observation des organes génitaux féminins. L'intensité de l'anxiété de castration correspond à la haute évaluation de cet organe. Elle peut se traduire par la crainte d'un ennemi masculin ou féminin, suivant que le père ou la mère apparaisse comme la personne la plus redoutable.

Il est courant de distinguer aussi une période phallique chez les filles. En effet, le clitoris, à cette période, est un organe qui est riche en sensations, qui attire et décharge l'excitation sexuelle. D'autre part, la fille divise les autres en « avec pénis » et « castrés ». Il lui vient l'idée « qu'elle en avait un mais qu'elle l'a perdu ». La possession d'un pénis lui paraît avantageuse, dans la mesure où le clitoris lui apparaît inférieur comparé au pénis. Alors que le garçon pense « j'ai peur d'être puni », la fille pense « j'ai été punie ». D'une façon compensatrice, des tendances masculines de toutes sortes peuvent s'ajouter à l'envie d'un pénis, surtout après des expériences de frustration et de répression. A cette période on assiste à des modifications dans les relations avec le monde extérieur et les parents. D'une façon générale, ce développement procède d'un état où la discrimination des « objets » extérieurs n'existe que peu, où le but est l'incorporation ; passe par un état ambivalent où l'objet est simplement un instrument pour notre propre plaisir ; pour finalement atteindre l'amour « objectal ».

Le premier objet d'amour est la mère et cet objet d'amour reste dominant durant toute l'enfance du garçon. Cependant, à la période phallique, l'amour pour la mère, l'identification amoureuse au père, la haine du père (je déteste mon père parce qu'il prend ma mère pour lui) entrent en conflit. Ce conflit est appelé complexe d'Œdipe. Il apparaît vers trois ans et se prolonge jusque quatre ou cinq ans. Il y a « complexe d'Œdipe inversé » lorsque l'amour pour le père domine et que la mère est détestée comme perturbant cet amour pour le père. L'amour de la mère et la rivalité avec le père accroissent l'anxiété de castration. Finalement, la crainte de la castration doit amener la renonciation à l'amour œdipien pour la mère.

Chez la fille à la fixation première à la mère doit succéder une fixation au père. Ce changement d'objet d'amour se fait à la suite des frustrations causées par la mère et au moment de la découverte et de l'envie du pénis. La mère est en effet rendue responsable de la perte du pénis et la fille se tourne vers le père. « Le complexe d'Œdipe masculin est résolu par le complexe de castration ; il est quitté à cause de l'anxiété de castration. Le complexe d'Œdipe féminin est apporté par le complexe de castration ; à la suite du désappointement causé par le manque de pénis, l'amour de la fille se tourne vers le père. »

Nous ne pouvons insister plus longuement sur ce sujet. Cependant nous donnons (page 50) un tableau (1) qui résumera l'évolution décrite ci-dessus. Ce tableau situera d'autre part les niveaux où se font les fixations correspondant à différentes névroses ou psychoses. Disons tout de suite en effet qu'il y a névrose lorsque l'évolution totale décrite ci-dessus ne peut s'effectuer, que le sujet reste fixé ou régresse à l'une des étapes de la sexualité infantile. Plus la fixation sera archaïque, plus la maladie sera profonde, et moins, en général, le traitement sera aisé. On voit donc l'importance du tableau de la page 50 du point de vue thérapeutique.

C) *Schéma psychanalytique de l'appareil psychique et de son fonctionnement*

Si une vision exacte des possibilités de la thérapeutique psychanalytique pour le traitement des différentes maladies mentales ne nous paraît possible qu'à partir de la connaissance du développement sexuel de l'enfant, le mécanisme général de cette thérapeutique ne peut être bien compris, d'un point de vue orthodoxe, qu'à partir de la représentation freudienne de l'appareil psychique.

La psychanalyse distingue, au point de vue organisation psychique, entre le ça, le moi et le surmoi.

Le ça est formé par l'ensemble des tendances primitives, des instincts élémentaires. Il est actif, exigeant, alogique et sexuel. Il est d'autre part inconscient. Il est sous la domination du principe du plaisir et demeure étranger au principe de réalité.

Le moi comporte les processus conscients et préconscients. Il représente une différenciation secondaire du ça (ou du soi) due à l'influence du monde extérieur. Il doit tenir compte du principe de réalité pour que l'adaptation au monde soit possible.

Le surmoi « est l'héritier du complexe d'Œdipe » (Freud). Lors de la liquidation du complexe d'Œdipe, il se produit

(1) O. Fenichel, *La théorie psychanalytique des névroses*, P. U. F., 1953.

une « introjection » compensatrice des images familiales. La pratique psychanalytique a montré que le surmoi était inconscient. Il est en fait le plus souvent atteint comme une force refoulante qui maintient refoulées les exigences du ça. Le surmoi étant une identification avec le parent qui est regardé comme la source des frustrations décisives, sous nos conditions sociales présentes, le surmoi paternel est le plus souvent décisif pour les deux sexes.

Après qu'il est établi, le surmoi tranche entre ce qui est permis et ce qui ne l'est pas. Le moi se conduisant vis-à-vis du surmoi comme il se conduisait vis-à-vis d'un parent effrayant et développant un véritable besoin d'absolution. Ainsi, le besoin de punition est une forme du besoin d'absolution : un sacrifice est offert pour éviter des peines plus graves. Cependant le surmoi n'est pas seulement effrayant pour le moi. Il est aussi pour lui une source de protection, d'affection et d'estime. Le surmoi est l'héritier des parents, non seulement comme source de menaces et de punitions, mais aussi comme source de récompenses et d'encouragements.

Dès lors que l'on a noté que le surmoi pouvait être soit répressif et interdicteur, soit proposer des valeurs auxquelles le sujet doit viser, on peut considérer qu'il est composé de deux sous-structures, d'un côté le surmoi proprement dit, d'un autre ce qui sera dit l'idéal du moi et qui fonctionne comme un modèle. On peut aussi distinguer d'un côté l'idéal du moi et d'un autre le surmoi : reste alors ouvert le problème de leurs rapports.

A noter enfin que pour certains auteurs il conviendrait de distinguer d'autre part le moi idéal. Celui-ci serait différent de l'idéal du moi, il se constituerait comme un idéal de toute-puissance.

Les indications précédentes nous permettent de donner maintenant une définition schématique du conflit névrotique. Il y a conflit névrotique lorsqu'une tendance instinctive (du ça) qui tend à se décharger lutte contre une tendance opposante (du moi). La tendance se dirige vers le monde, la contre-tendance tend à la repousser dans le ça.

Cependant le surmoi peut participer au conflit en se plaçant d'un côté ou de l'autre. Par exemple, nous aurons une lutte du moi et du surmoi associés contre le ça. Cependant, spécialement dans les névroses obsessionnelles, le moi doit non seulement se défendre contre les instincts, mais aussi contre les « anti-instincts » : il doit lutter à la fois contre le ça et le surmoi.

Ce schéma général du conflit névrotique conduit à étudier, d'une part les motifs de défense, et, d'autre part, les mécanismes de défense : la façon dont le moi se défend. A noter que les « mécanismes de défense », s'ils font partie du moi, sont d'autre part inconscients.

Les motifs de défense peuvent être : peur du surmoi, crainte du monde extérieur, crainte devant la puissance des pulsions, crainte de manque d'équilibre du moi, crainte devant les affects. Dans la peur du surmoi, un désir du ça voudrait devenir conscient et se réaliser grâce à l'appui du moi, mais le surmoi s'y oppose et le moi s'incline, entrant en conflit avec le ça bien qu'il n'ait par lui-même aucune raison de le faire. C'est donc par crainte du surmoi que naît le conflit entre le moi et le ça. Cependant, chez le petit enfant, la crainte du surmoi peut être remplacée par la crainte du monde extérieur. Souvent la pulsion est considérée comme dangereuse à partir des interdictions portées par les éducateurs. La peur de la castration tient chez le petit enfant une place comparable à celle de l'angoisse morale chez l'adulte. D'autre part un motif de défense peut être constitué par la crainte inspirée par la puissance des pulsions du ça. L'angoisse ressentie par le moi devant l'intensité des instincts est comparable à celle que provoque la peur du surmoi ou la peur devant un danger réel. Robert Wälder pense que le « moi redoute de voir son organisation détruite ou submergée ». A ces trois grands motifs de défense contre les instincts il convient d'ajouter l'angoisse qui peut venir d'un manque d'équilibre du moi, de conflits entre tendances opposées (Alexander). Enfin, il faut noter la crainte devant les affects. Cette crainte peut s'adresser aux affects liés aux pulsions angoissantes. Elle peut s'adresser aussi à l'aspect pénible de l'affect.

On peut distinguer comme mécanismes de défense : le refoulement, la régression, la formation réactionnelle, l'isolation, la négation, la projection, l'introjection, le retournement contre soi, la transformation en contraire. Un dixième : la sublimation appartiendrait plutôt au domaine de la normalité (1). Dans le refoulement la tendance est rayée du conscient : elle ne peut avoir accès au moi. Il s'agit d'un mécanisme de défense caractéristique de l'hystérie mais que l'on retrouve aussi dans les névroses obsessionnelles. La régression consiste, en face d'une frustration, à retourner à des types de satisfaction antérieurs et plus complets. Ainsi, dans les névroses obsessionnelles typiques, le patient expérimente un conflit entre ses tendances œdipiennes phalliques et son anxiété de castration, et il substitue une tendance sadique anale à ses désirs œdipiens. La condition pour l'usage de la régression comme mécanisme de défense est une particulière faiblesse de l'organisation du moi. On notera d'autre part que plus les premières fixations ont été intenses, plus la régression risque de se produire. Les formations réactionnelles consistent en des attitudes rigides qui visent à cacher l'expression d'une impulsion contraire. Ainsi, la propreté maniaque ou le sens de l'ordre des névroses obsessionnelles cachent une demande instinctuelle pour la malpropreté ou le désordre. Les formations réactionnelles assurent une protection contre le retour des pulsions correspondantes. Dans l'isolation (aussi prévalente dans les névroses obsessionnelles) ce qui était réuni est séparé, le patient se souvient du traumatisme original mais a perdu toute trace de ses connections et de sa signification émotive. On citerait en détail ici les cas célèbres de dédoublement de la personnalité. La négation consiste à nier les parties de la réalité qui paraissent déplaisantes. Chez le petit enfant la négation des réalités déplaisantes est une chose très commune, la simple expression de l'efficacité du principe du plaisir. Dans la projection le sujet attribue à autrui ou au monde extérieur des caractères qui lui appartiennent en propre mais qu'il ne veut pas se reconnaître. La projection est un dérivatif de la première négation, exprimée sous la forme :« Je veux cracher cela», ou, au moins,« je veux mettre quelque distance entre cela et moi-même ». L'intrajection consiste à se transformer à l'image d'autrui. Elle trouverait son fondement dans l'incorporation et nous mettrait donc en relation avec des tendances très archaïques. Dans le retournement contre soi, les tendances, originairement dirigées contre le monde extérieur, seraient déviées (et retournées si l'on voit les choses de l'extérieur) vers la personne elle-même. Cette déviation se produisant par crainte du surmoi. Enfin, dans le retournement en contraire le sujet exprimera l'inverse de la

(1) Anna FREUD, *Le Moi et les mécanismes de défense*, P. U. F.

tendance instinctive. Ainsi, l'enfant qui désire menacer son père craindra d'être menacé par lui.

II. — La thérapeutique psychanalytique

Nous disposons maintenant d'un schéma général des névroses et des états névrotiques qui nous permet de comprendre l'action de la thérapeutique psychanalytique. Celle-ci doit donner plus de force et de souplesse au moi, en face du ça, du surmoi, et du monde extérieur. Le moi « idéalement » normal doit en effet « satisfaire pour le mieux l'inconscient élémentaire (principe du plaisir), tout en respectant les exigences extérieures (principe de réalité), et en faisant face au surmoi critique » (1). La tâche thérapeutique se définit alors : détruire les mécanismes de défense névrotique du moi — aider celui-ci à accueillir les pulsions inconscientes, à les intégrer, soutenir le moi pour qu'il affronte le surmoi, modifier le surmoi pour le rendre moins rigide. Pour cela le psychanalyste doit à la fois analyser les pulsions du ça, les résistances du moi, et les exigences du surmoi. A la fois, parce que, par exemple, les pulsions et les résistances se présenteront simultanément. Du reste, la résistance est « résistance à », elle dépend dans son organisation, autant de ce à quoi elle résiste que de l'organisation du moi lui-même.

On peut se demander, cependant, si en abolissant les défenses névrotiques on ne conduit pas les tendances névrotiques à se satisfaire. Le résultat de la thérapeutique psychanalytique serait d'instaurer des perversions. Mais, en réalité, les instincts réprimés n'ont gardé un caractère infantile que parce

(1) Sacha Nacht, *De la pratique à la théorie psychanalytique*, P. U. F.

qu'ils étaient réprimés et n'avaient plus de connection avec l'ensemble de la personnalité. La sexualité prégénitale, lorsqu'elle peut se développer, devient une sexualité génitale. Ainsi, la psychanalyse, en « libérant » les instincts permet au moi de s'organiser d'une façon plus complète. Il y aurait cependant des exceptions à cette règle, chez les enfants, ou chez les patients qui développent une grande anxiété devant la puissance des instincts (Anna Freud).

A) Pour parvenir à réaliser l'action générale que nous venons de définir le psychanalyste dispose de : la prise de conscience et l'interprétation, l'abréaction, le transfert, l'auto-suggestion terminale.

1° On sait que le précurseur de la psychanalyse fut un médecin viennois nommé Joseph Breuer. Soignant une jeune fille hystérique Breuer avait remarqué que dans ses « états d'absence, d'altération psychique avec confusion, la malade avait l'habitude de murmurer quelques mots qui semblaient se rapporter à des préoccupations intimes. Le médecin se fit redire ses paroles et, ayant mis la malade dans un état proche de l'hypnose, les lui répéta mot à mot, espérant ainsi déclencher les pensées qui la préoccupaient. La malade tomba dans le piège et se mit à raconter l'histoire dont les mots murmurés pendant ces états d'absence avaient trahi l'existence. C'étaient des fantaisies d'une profonde tristesse, souvent même d'une certaine beauté, nous dirons des « rêveries », qui avaient pour thème une jeune fille au chevet de son père malade. Après avoir exprimé un certain nombre de ces fantaisies, elle se trouvait délivrée et ramenée à une vie psychique normale ». D'autre part « les symptômes morbides disparurent (d'une façon permanente) lorsque, dans l'hypnose, la malade se rappela avec extériorisation affective, à quelle occasion ces symptômes s'étaient produits pour la première fois ». Ainsi, la réintégration du souvenir traumatique dans le champ de la conscience avec abréaction émotive suffit à guérir le symptôme. « La découverte de Breuer forme encore de nos jours la base du traitement psychanalytique. La proposition que les symptômes disparaissent lorsque leurs conditions inconscientes ont été rendues conscientes a été confirmée par toutes les recherches ultérieures, malgré les complications les plus bizarres et les plus inattendues auxquelles on se heurte dans son application pratique. Notre thérapeutique agit en transformant l'inconscient en conscient, et elle n'agit que dans la mesure où elle est à même d'opérer cette transformation. »

Cependant Freud devait, d'abord renoncer à se servir de l'hypnose, puis écarter très nettement cette méthode de la pratique psychanalytique. Il introduit en psychanalyse la règle de « non-omission ». Le patient doit dire sans aucune exception tout ce qui lui vient à l'esprit, durant toute la durée de la séance. D'autre part le psychanalyste utilise la méthode associative. En effet, Freud ne tarda pas à remarquer que le souvenir traumatique ne réapparaissait pas directement, mais était précédé de représentations plus ou moins directement en relation avec lui. Renonçant à suggérer au malade la recherche des souvenirs pathogènes, il se borna à lui demander de suspendre toute critique et toute direction volontaire de ses pensées : ainsi peut ressortir le thématisme affectif inconscient des associations spontanées. Dans le courant du conscient apparaissent les rêves : ceux-ci relèvent aussi d'un thématisme significatif qui met en relation avec les tendances inconscientes. Enfin les actes manqués se manifestent qui expriment aussi notre déterminisme psychologique caché.

Dans la pratique, le malade est allongé, souvent dans une demi-obscurité favorable, l'analyste étant assis derrière lui. Le malade ne parle pas toujours. Mais ses silences seront très parlants. Ils révéleront les points douloureux. D'une façon générale, si le patient détermine le sujet principal de l'heure psychanalytique, ce n'est pas nécessairement par ce qu'il sait. Ce peut être souvent par ce qu'il ne dit pas, ou par la façon dont il parle, ou par ce qu'il fait.

Une condition importante de la cure psychanalytique est aussi l'attitude de non-intervention du thérapeute. Celui-ci ne doit en aucun cas juger les attitudes du patient et ne pas lui donner de conseils. La cure ne se développera normalement que par la neutralité du psychanalyste (1).

Le psychanalyste doit cependant interpréter aux moments voulus les paroles ou les attitudes du patient. Ces interprétations seront faites d'une façon générale en partant de la surface. Les conflits profonds ont aussi une correspondance avec les conflits courants, et c'est en partant des conflits courants que les patients peuvent le mieux juger de leur existence. Si les conflits courants ne se manifestent pas — on se trouve proba-

(1) D. Lagache, La conduite humaine, *Bulletin de psychologie*, 1949, n° 5, p. 17-18.

blement en face d'une résistance. D'une façon permanente, il convient cependant d'éviter les interprétations trop profondes ou trop superficielles. Eviter les interprétations trop profondes parce qu'elles ne seraient pas intégrées par le patient au moment où elles sont données. Eviter les interprétations trop superficielles parce qu'en omettant les interprétations venues à maturité le thérapeute déçoit le patient au moins autant qu'en lui en présentant auxquelles il n'est pas encore prêt ;

2° Il faut d'autre part insister sur le fait que la prise de conscience psychanalytique n'est pas une prise de conscience abstraite. Elle doit être accompagnée de véritables réactions affectives par lesquelles le patient revit les situations infantiles qui ont amené la névrose.

Nous atteignons ici les aspects « abréactifs » de toute psychanalyse. « On appelle en effet abréaction une décharge émotionnelle par laquelle un sujet se débarrasse d'un choc ancien qui, au moment où il s'est produit, n'a pas donné lieu à une réaction complète. » L'abréaction est à la base de la catharsis dont nous avons dit quelques mots en présentant la thérapeutique de Breuer. Cependant, s'il faut éviter l'abstraction, il faut aussi éviter l'émotion trop intense (1).

Un des soucis les plus importants de l'analyse est de ne tomber ni dans le Scylla de la verbalisation non ressentie ni dans le Charybde d'une émotion intense mais isolée qui, ne pouvant être appréhendée d'une façon « raisonnable », ne pourra être utilisée.

La verbalisation est en effet une défense du moi contre les tendances ou les affects qu'il craint. Si les mots sont d'une façon générale le meilleur moyen de communication dont nous disposons, ils peuvent aussi servir dans un but opposé, c'est-à-dire à cacher quelque chose en tournant autour, en parlant trop, en « noyant le poisson ».

La peur du Scylla de la discussion théorique ne doit cependant pas conduire, nous venons de le voir, à une surévaluation de l'éruption émotive. Les abréactions peuvent aussi servir la résistance. Elles isolent en effet lorsqu'elles sont trop intenses, à la fois le patient du psychanalyste et de lui-même. L'adhésion entière à une technique abréactive non contrôlée semble nous rapprocher de la pensée magique. Une thérapeutique qui tend à utiliser des événements dramatiques ou spectaculaires nous rapproche de la magie et elle est étrangère à l'esprit même de la psychanalyse (Fenichel) ;

(1) O. Fenichel, *Problèmes de technique psychanalytique*, P. U. F., 1953.

3° A certaines périodes du développement de la psychanalyse de nombreux analystes en étaient venus à penser que la valeur thérapeutique des traitements dépendait de la profondeur des couches psychiques qui étaient atteintes. Le thérapeute ne devait s'occuper que des tendances profondes refoulées liées au développement sexuel de la petite enfance.

Cependant dans l'état actuel des choses on accorde beaucoup d'importance au moi lui-même. Nous avons déjà vu qu'il ne convenait pas d'interpréter les manifestations observées seulement en fonction du ça, mais aussi en fonction des mécanismes de défense du moi.

Nous n'avons pas encore parlé d'un phénomène fondamental qui se présente dans toute psychanalyse : le phénomène de résistance.

Dans une psychanalyse, au bout d'un certain temps, on observe des silences plus prolongés, ou les associations changent brusquement de direction, ou, nous l'avons vu, le patient se réfugie dans l'intellectualisation ou une émotion qui l'isole. On se trouve alors en face de résistances qui peuvent prendre des formes multiples. Le malade résiste à la psychanalyse. Il convient d'entreprendre l'analyse des résistances (bien qu'il soit à certains égards artificiel d'isoler analyse des résistances et analyse des tendances inconscientes). D'une façon générale on peut tenir pour établi que l'analyse des résistances doit précéder l'interprétation du contenu. En effet, une conformité réelle entre les pulsions internes et leur traduction extérieure ne peut exister que si les pulsions peuvent s'exprimer d'une façon relativement libre, ce qui n'est pas possible si elles sont modifiées par une résistance trop intense. Si la règle fondamentale de la psychanalyse est en effet de dire sans omission tout ce qui vient à l'esprit, et si cette règle élimine bien quelques interventions du moi, elle est cependant loin d'aboutir directement à un plein succès : les plus fortes résistances restent actives.

D'une façon générale les résistances sont des résistances à l'analyse du ça, elles coïncident donc avec les mécanismes de défense, il s'agit de « résistances de défense ». « ... le but de la psychanalyse étant d'assurer aux idées qui représentent la pulsion refoulée, l'accès au conscient, c'est-à-dire justement de susciter de pareilles poussées, il s'ensuit que les mesures de défense adoptées par le moi contre l'apparition de ces idées prennent automatiquement le caractère d'une résistance active contre l'analyse » (Anna Freud). On distingue cependant d'autres types de résistance : la résistance due aux gains secondaires, le transfert de résistance, la résistance due au surmoi et la résistance due au ça.

Il sera intéressant de donner un exemple qui montrera comment il est préférable d'analyser la résistance plutôt que le contenu :

« Au cours d'un séminaire un analyste découvrit une fois un cas qui semblait parvenu à un point mort. Le patient ne pouvait plus longtemps parler dans l'heure d'analyse parce qu'il était plein d'agressivité. L'analyste pouvait clairement voir que cette tendance à l'agression, provenant d'une enfance où elle n'avait pu se décharger, était alors dirigée contre lui par le transfert. Mais cela ne pouvait lui permettre de faire aucun progrès. Que puis-je faire ? demandait-il. Pendant des semaines je lui ai répété à chaque heure qu'il voulait me tuer, mais il n'accepte pas l'interprétation. Une telle interprétation dans cette sorte de situation augmente l'anxiété et par là augmente aussi la défense du moi, au lieu de les diminuer. L'interprétation correcte aurait été : « Vous ne pouvez parler parce que vous avez peur des pensées et impulsions qui peuvent vous venir et qui seraient dirigées contre moi » (O. Fenichel, *Problèmes de technique psychanalique*).

Mais cet exemple nous permet d'apercevoir l'importance du transfert. En effet, durant la psychanalyse, le thérapeute va prendre une grande importance vis-à-vis du patient qui finira par revivre vis-à-vis de lui les attitudes qu'il avait vécues dans son enfance. Freud définit ainsi le transfert : « Ce sont de nouvelles éditions, des copies des tendances et des fantasmes devant être éveillés et rendus conscients par les progrès de l'analyse, et dont le trait caractéristique est de remplacer une personne antérieurement connue par la personne du médecin. Autrement dit : un nombre considérable d'états psychiques antérieurs revivent, non pas comme états passés, mais comme rapports actuels avec la personne du médecin (1). »

Le transfert est certainement un élément fondamental de toute analyse (le« meilleur instrument» du psychanalyste — la « pierre angulaire » du traitement). C'est en effet par le transfert que le malade va revivre son mal et s'en guérir. Dès que le psychanalyste aura endossé le rôle joué par le père (ou la mère), l'analysé cherchera à reproduire certaines situations affectives de son enfance, et répétera (besoin de répétition) ses réactions d'alors. L'analyse du transfert permettra, en luttant contre les résistances, et en montrant à la fois les

(1) *Fragments d'une analyse d'hystérie* (Dora), FREUD.

caractères présents de la conduite et les situations infantiles anciennes qui sont à l'origine de cette conduite, d'aboutir à une transformation favorable et à une consolidation du moi.

Souvent le transfert sera au départ positif, le malade ressentant un intérêt intense et sympathique pour le thérapeute. Il trouvera ainsi appui pour affronter le ça et le surmoi, et prendre avec eux certaines libertés. Mais, le médecin ne pouvant et ne devant accorder de satisfaction affective au patient, son amour se transformera en partie en hostilité. Au transfert positif succédera le transfert négatif. On pourra voir aussi très souvent les deux coïncider (ambivalence du transfert).

Le transfert n'est cependant pas sans danger. Si les fixations infantiles ont été trop intenses, si le moi est trop faible, si les pulsions ont une force trop grande, si le malade ne peut pas trouver de satisfactions présentes à ses tendances (normalisées), le transfert peut se muer en névrose de transfert. Aussi les psychanalystes se sont-ils demandé s'il ne convenait pas de limiter ou d'orienter le transfert. Ainsi, French et Alexander ont pensé à instaurer un système de« psychothérapie planifiée» dans lequel le psychanalyste détermine son attitude en fonction du malade. D'autres psychanalystes, moins systématiques, montrent cependant que le thérapeute doit dans une certaine mesure sortir d'une stricte neutralité lorsqu'une névrose de transfert menace.

Un phénomène relativement peu étudié à l'origine, mais qui a donné lieu à bien des travaux et réflexions dans la dernière période, est le phénomène de contre-transfert. Celui-ci est recherché par le patient, qui tente de faire intervenir activement son psychanalyste. Mais il est évident que certains thérapeutes seraient capables, en réagissant à l'attitude de l'analysé, de prendre vis-à-vis de celui-ci une attitude qui bloquerait la suite du traitement. Même le thérapeute, en satisfaisant ses propres tendances, se « complémentarisait » avec les tendances de son patient, créant ainsi une situation malade-médecin de nature complexuelle. Il est donc nécessaire que le psychanalyste soit lui-même analysé, de façon à ce qu'il soit exempt de toute attitude gênante. Le psychanalyste « se sert de son inconscient comme d'un instrument » (Fenichel). Il convient que l'instrument soit efficace et sans danger ;

4° Pour de nombreux psychanalystes la phase d'autosuggestion terminale ne présente qu'une importance secondaire — ou encore les phénomènes qui se déroulent alors ne seraient pas nécessairement des phénomènes d'autosuggestion. En tout cas, il existe, à la fin de toute analyse réussie, un travail de synthèse du moi (Nunberg), ou de synthèse en vue de l'adaptation au

réel (Nacht) qui n'est pas discutable. On peut penser du reste que l'ensemble du traitement analytique réalise des suggestions indirectes puissantes dont l'efficacité se fait alors sentir. Mais ces problèmes ne sont pas actuellement clairement résolus (1).

B) Nous venons d'examiner les principes de la thérapeutique psychanalytique prise dans son ensemble. Nous allons maintenant examiner d'une façon différentielle les cas dans lesquels cette thérapeutique peut être utilement employée. Pour terminer nous donnerons quelques indications sur les contre-indications de la cure psychanalytique (2).

1° Il sera intéressant de se reporter ici aux indications que nous avons déjà données, d'une part, sur la classification des grands syndrômes mentaux, d'autre part sur leurs thérapeutiques proprement médicales (biologiques). Ainsi l'importance de la psychanalyse se trouvera précisée à certains égards.

— Anxiété hystérique. — Dans l'anxiété névrotique, une tension intérieure générale se manifeste sous forme d'une anxiété flottante mais constante ou sous forme d'une disposition à l'anxiété. Dans l'anxiété hystérique, l'anxiété est spécifiquement reliée à une situation particulière, qui représente le conflit névrotique.

En général la psychanalyse est indiquée dans les cas d'anxiété hystérique. La capacité de transfert est bonne.

— Conversion hystérique. — Dans la conversion hystérique les tendances refoulées déterminent l'apparition de symptômes physiques dans lesquels elles trouvent une expression indirecte (hallucinations, paralysies, convulsions, cécités hystériques, complaisance somatique en général).

Nous avons déjà vu que les accidents hystériques correspondent à une fixation au stade phallique. Il serait sans doute erroné de penser que le complexe d'Œdipe apparaît immédiatement à l'analyse. Mais le conflit névrotique étant relativement récent se résout plus aisément.

Ainsi le pronostic, dans les cas de conversion hystérique, est généralement favorable. Le patient réagit aux interpré-

(1) Sur la thérapeutique psychanalytique, consulter : R. R. Greenson, *Technique et pratique de la psychanalyse*, P. U. F., 1977.

(2) Sur toute la fin du chapitre, consulter O. Fenichel, *La théorie psychanalytique des névroses*, 2 vol., P. U. F., 1953.

tations avec des modifications du transfert et ainsi les progrès de l'analyse peuvent être aisément suivis.

— Il ne faudrait pas croire que tous les changements physiques de nature psychosomatique sont des conversions. Les attitudes inconscientes peuvent avoir sur notre organisme une action de nature physiologique. De cette façon les symptômes, bien qu'ayant une origine psychologique, n'auront pas une signification psychologique. Le pronostic varie alors en fonction des cas considérés. Les accidents psychosomatiques ne peuvent cependant être traités (dans la mesure où ils ne sont pas des conversions) que d'une façon indirecte (1).

— On a déjà vu (ch. I) que dans l'hypocondrie, le malade étant atteint organiquement, sa maladie l'obsède et détermine une inquiétude disproportionnée. La psychanalyse distingue entre une hypocondrie hystérique et une hypocondrie narcissique. La première est plus facilement traitable que la seconde.

— Si l'épilepsie est déterminée par un ensemble de facteurs, et si des facteurs psychologiques peuvent être retenus parmi eux, la thérapeutique se montrera dans ce cas plus ou moins efficace. En fait, des cures psychanalytiques ont été réalisées. L'expérience a mis en évidence dans la personnalité épileptique les caractères suivants : narcissisme, tendances destructives réprimées mais qui se déchargent dans l'attaque.

— Névroses obsessionnelles. — Dans les névroses obsessionnelles le moi doit soutenir une double lutte, d'une part il doit se défendre contre les tendances sexuelles infantiles du ça, d'autre part il doit se défendre contre un surmoi exigeant et rigide.

Nous avons déjà vu (tableau, p. 50) que les névroses obsessionnelles correspondaient à une fixation ou une régression au stade anal. Les pulsions du ça seront donc celles de cette époque. On sait d'autre part que l'apprentissage de la discipline anale est d'une grande importance. Un ensemble de « contre-instincts » s'instaure alors qui vise à réaliser la propreté et à la maintenir. Le moi devra se défendre contre l'exigence de ces contre-instincts. Mais, d'une autre façon, il leur obéira aussi en prenant une attitude rituelle, rigide, plus ou moins stéréotypée.

La psychanalyse est plus difficile dans les cas de névrose obsessionnelle que dans les cas d'hystérie. D'une part les patients, soumis à un sévère contrôle du surmoi, ont de la difficulté à suivre la règle de non-omission. D'autre part, la

(1) Voir p. 102 à 104.

nature de la régression implique que des tendances sadiques anales se manifesteront contre l'analyste. Enfin elle implique aussi que le psychanalyste doit travailler à un niveau plus profond. Ces difficultés ne sont pas insurmontables mais ne doivent pas être négligées.

— Perversions. — Les perversions manifestes ont un caractère sexuel. Les pervers ont conservé une sexualité infantile. Mais alors que la sexualité infantile est inorganisée, la sexualité perverse est organisée autour de quelque instinct partiel. On peut admettre que chez eux l'anxiété de « manque d'amour » est moins grande que l'anxiété de castration.

Une difficulté particulière que l'on rencontre dans les psychanalyses de pervers est que les symptômes sont agréables. Aussi les cas les plus favorables au traitement sont souvent ceux dans lesquels les patients se sentent mal, c'est-à-dire ceux dans lesquels il y a combinaison avec une névrose.

— Psychopathies (fugueur, cleptomanie, incendiaire, toxicomanies). — Dans les psychopathies une action impulsive sert à se rassurer inconsciemment contre un danger ou à le nier. Les impulsions ne sont pas ressenties comme impulsives, mais vécues comme étant plus ou moins en accord avec le moi. Elles sont cependant vécues comme « irrésistibles ».

Non seulement les symptômes psychopathiques sont des sources de plaisir (alcoolisme, vol, etc.), mais encore le narcissisme habituel des patients rend nécessaire d'atteindre des couches profondes du psychisme. Certaines modifications peuvent être apportées à la technique psychanalytique classique. Souvent, on entreprendra le traitement dans des institutions.

— Dans les dépressions, la manie et la manie-mélancolie, la fixation se fait au stade narcissique (second stade sadique oral). Si les besoins narcissiques ne sont pas satisfaits, l'estime de soi diminue et la dépression se manifeste. Dans la manie c'est au contraire un considérable accroissement de l'estime de soi qui forme le centre des phénomènes. Les inhibitions disparaissent.

Il y aura névrose lorsque la régression au stade narcissique ne sera pas trop poussée, psychose dans le cas contraire. Le pronostic sera très différent suivant les cas. Dans le cas de narcissisme poussé, en effet, la relation de transfert est pauvre, et, même lorsqu'elle s'établit, reste très ambivalente. Enfin, dans des cas très sévères, il arrivera que le moi raisonnable, sur lequel doit s'appuyer l'analyse, soit presque non existant. Cependant, on peut et on doit profiter des intervalles qui séparent les crises pour entreprendre le traitement lorsqu'il est décidé.

— Schizophrénie. — Il convient de distinguer entre les « épisodes schizophréniques » et le processus schizophrénique. D'une façon générale, mais à des degrés variables et sous des influences diverses, le schizophrène retourne à la première phase narcissique : il perd contact avec les objets. Dans la schizophrénie l'importance relative des facteurs constitutionnels et des facteurs psychologiques pose un problème.

On a longtemps pensé que la psychanalyse était presque désarmée devant les cas de schizophrénie. Freud exprime cette idée en discriminant entre les névroses de transfert et les névroses narcissiques.

Des analyses de schizophrènes ont cependant été réalisées. Des modifications à la technique classique doivent être apportées. Le psychanalyste doit s'efforcer d'obtenir et de conserver un transfert positif. Les psychanalyses de schizophrènes sont le plus souvent réalisées dans des institutions (1).

— Anomalies du caractère. — La psychanalyse s'est de plus en plus intéressée aux anomalies de caractère. En étudiant les névroses, on note que le moi réagit à la névrose en s'y adaptant, en essayant d'établir la névrose dans les meilleures conditions. Le moi a des modes de défense contre les symptômes névrotiques. Lorsque les modes de défense sont profondément intégrés au caractère, il peut arriver que les symptômes névrotiques disparaissent, ou presque. L'adaptation du caractère à la névrose et au monde a été réalisée, mais elle a été réalisée par une modification de la structure du caractère.

L'attitude de patients envers leurs anomalies de caractère est différente de celle de névrosés en face de leurs symptômes névrotiques. Ces anomalies de caractère, bien souvent, n'apparaissent pas comme des « accidents » étrangers dont le sujet veut se débarrasser, mais sont reliées à sa personnalité.

Les anomalies de caractère ne forment pas du reste une véritable unité. Les mécanismes de base peuvent différer et les indications pour la psychanalyse peuvent varier d'une façon importante. Il convient d'une façon générale de tenir compte de la profondeur de la régression, de la volonté de changement, des gains et avantages dus aux anomalies, de la volonté de coopérer et de la souplesse du moi. D'une façon générale l'analyse de caractère est plus longue que l'analyse des névroses.

2° Des contre-indications peuvent s'opposer à la cure psy-

(1) Voir p. 75 à 78.

chanalytique. On retiendra les principales possibilités de contre-indications suivantes :

— L'âge. — En principe l'âge idéal pour une psychanalyse est compris entre quinze et quarante ans. Une analyse suppose en effet à la fois une certaine souplesse de la personnalité totale et l'existence d'un moi raisonnable.

— Le peu d'importance des manifestations névrotiques. Une psychanalyse demande en effet beaucoup de temps, d'efforts et d'argent.

— L'urgence d'une intervention. Mais une psychanalyse reste ultérieurement possible.

— Importantes difficultés de parole.

— Absence d'un moi raisonnable et capable de coopérer au traitement (les psychothérapies d'enfants admettent une technique spéciale) (1).

— Dans les cas de personnalité schizoïdique la décision est difficile à prendre. En effet, l'analyse peut sauver ces sujets d'une psychose future, mais elle peut aussi dans d'autres cas déclencher un processus psychotique.

— Il peut arriver qu'un patient présente des difficultés particulières avec un psychanalyste. Il faut tenir compte de la composition de l'équipe « psychanalysé-psychanalyste ».

— Enfin on retiendra qu'une psychanalyse classique est une entreprise importante. Elle s'étend sur plusieurs années à raison de quelques séances (chacune de trois quarts d'heure) par semaine.

(1) Voir p. 73 à 75.

Chapitre IV

L'EFFICACITÉ SYMBOLIQUE

Dans le chapitre précédent, nous n'avons pas parlé des méthodes psychothérapeutiques d'Adler et de Jung. Ces deux auteurs sont partis de la psychanalyse, mais pour s'en écarter plus ou moins par la suite, élaborant chacun une doctrine originale.

Pour Adler l'étiologie sexuelle des névroses est erronée. Pour lui, le point de départ des névroses est un sentiment d'insécurité et d'infériorité. Chez le névrosé, le sentiment d'infériorité persiste. Le malade réagit en cherchant un but qui lui rende la vie supportable, et il utilise ainsi d'une façon exagérée tous les moyens psychiques dont il dispose. C'est de cet effort vers un but fictif de puissance et de supériorité que découlent l'ensemble des symptômes névrotiques. En soi le sentiment d'infériorité résulte d'une imperfection organique. L'enfant présentant une infirmité quelconque éprouve un sentiment d'infériorité intense et qui persiste au cours de son développement psychique. Il réagira par l'agressivité hostile ou une passivité parfois calculée. De même, le névrosé tendra toujours à se mettre en valeur, soit en se faisant craindre, soit en se faisant plaindre. Les symptômes de la névrose sont un mauvais moyen de défense, mais ils sont néanmoins un moyen de défense produit par l'amour-propre tendant à préserver le sujet d'un contact brutal avec la vie. La thérapeutique adlérienne part de l'analyse des souvenirs, des associations d'idée et des rêves. Mais l'analyse n'est pas nécessairement profonde et prolongée et elle se double d'une psychothérapie qui est presque une psychagogie. Le thérapeute doit montrer ce qu'il y a d'infantile dans la conduite du malade. Il doit aussi chercher à affaiblir le sentiment d'infériorité. Quand il se trouve en face de résistances du patient il montre qu'il s'agit d'une attitude d'affirmation exagérée ayant une racine névrotique.

Nous ne pouvons examiner en détail la doctrine d'Adler mais nous noterons simplement qu'il paraît pour le moins exagéré de soutenir que tous les névrosés sont ou ont été des diminués physiques. Quant à la psychothérapie de direction, si elle peut parfois donner des résultats pratiques, elle n'en reste pas moins, dans son principe, une régression par rapport à la psychanalyse.

Jung pense que, contrairement à l'opinion de Freud, l'accident qui détermine la névrose est souvent un conflit actuel. Ainsi, on trouve à différents âges de la vie des sources de conflits. D'autre part les explications de Freud et d'Adler ne s'adresseraient qu'à des groupes de malades particuliers. L'introversion (repli sur soi) serait la base des névroses décrites par Adler ; l'extraversion (action orientée vers le monde extérieur) la base des névroses décrites par Freud.

D'autre part, pour Jung, l'inconscient peut avoir un rôle positif, et en quelque sorte prospectif. A côté de l'inconscient personnel, il conviendrait de plus de tenir compte d'un inconscient collectif. Chez tous les individus dans différents peuples, apparaissent en effet des images plus ou moins comparables, groupées autour de thèmes particuliers. On observe ainsi des « archétypes » qui s'expriment dans le langage imagé et symbolique de l'inconscient. La psychologie de Jung entreprendra donc de vastes études sur les mythes ou les légendes que peuvent nous faire connaître l'histoire et la sociologie des primitifs.

Nous ne pouvons ici présenter les conceptions de Jung sur l'organisation de la psychologie de l'homme (soi, moi, ombre, *persona*, *animus et anima*, conscient, inconscient personnel, inconscient collectif). Celles-ci sont en effet fort complexes et leur intérêt du point de vue thérapeutique ne nous semble qu'assez indirect (1). D'une façon comparable, après que l'on ait souligné que pour Jung il faut tenir compte, en psychothérapie, d'une « pulsion » spirituelle spécifique, et ainsi prendre une attitude plus prospective et synthétique que dans la psychanalyse freudienne ; si l'on montre alors l'importance de l'étude des symboles (rêves, fantaisies, visions) dans la technique ainsi que le rôle actif que doit jouer le psychothérapeute, bien peu de règles précises et circonstanciées ont été exposées ou restent à exposer. Nous n'insisterons donc pas plus longuement. Par contre, nous retiendrons l'importance conférée aux phénomènes symboliques et nous examinerons maintenant ceux-ci du point de vue de la technique psychothérapeutique.

I. — L'efficacité symbolique en général

Il n'est pas sans intérêt de montrer ce que peut être l'efficacité symbolique dans la thérapeutique magico-religieuse et d'essayer de mettre en évidence

(1) Ce ne serait pas l'avis d'un Jungien. Consulter l'ouvrage de J. JACOBI, *La Psychologie de C.-G. Jung*. Delachaux & Niestlé.

son mode d'activité le plus typique. C'est ce qu'a tenté de réaliser Claude Lévi-Strauss (L'Efficacité symbolique, *Revue de l'Histoire des Religions*, janvier-mars 1949) à partir de la publication d'une très ancienne et longue incantation destinée à aider les accouchements difficiles (Nils M. Holmer et Henri Wassen, *Mu-Igala or the way of Muu, a medecine song from the Cunas of Panama*, Göteborg, 1947).

L'intervention du Shaman débute par un tableau de désarroi de la sage-femme et décrit les réactions de celle-ci ainsi que sa visite au shaman lui-même et les préparatifs (fumigations, confection d'images sacrées) qu'elle a accomplis avant son arrivée. Puis le shaman prend la tête des esprits protecteurs (représentés par les images) pour les emmener jusqu'au séjour du Muu, puissance qui détermine la formation du fœtus. C'est en effet parce que celui-ci s'est emparé de l'âme de la future mère que l'accouchement est difficile. L'incantation décrit la recherche de l'âme perdue (purba) au travers de multiples difficultés (démolition d'obstacles, animaux féroces, Muu et ses filles). Vaincu, Muu laisse découvrir et libérer le purba de la malade : l'accouchement a lieu. Le chant se termine par l'énoncé des précautions prises pour que Muu ne puisse s'échapper derrière les visiteurs.

Mais le texte de l'incantation montre, ce qui fait son intérêt, que le voyage accompli par le shaman n'est pas purement mythique, ou si l'on préfère qu'il ne l'est pas gratuitement. La « route de Muu » et le séjour du Muu ne sont pas imaginaires, ils représentent le vagin et l'utérus de la femme enceinte au fond desquels le shaman et les esprits qu'il commande vont livrer un combat victorieux. C. Lévi-Strauss le montre d'une façon détaillée.

En fait, le texte indigène « épouse le contenu affectif du trouble physiologique, tel qu'il peut apparaître, de manière informulée, à la conscience de la malade ». Ainsi il constitue « une médication purement psychologique, puisque le shaman ne touche pas au corps de la malade et ne lui administre pas de remède ; mais en même temps il met directement et explicitement en cause l'état pathologique et son siège ; nous dirions volontiers que le chant constitue une manipulation psychologique de l'organe malade, et que c'est de cette manipulation que la guérison est attendue ». La cure consiste à rendre exprimables et pensables des douleurs d'abord incohérentes et arbitraires. Le shaman fournit un langage dans lequel peuvent s'exprimer symboliquement des états autrement informulables. Il s'agit de rendre présents à la conscience des conflits qui par leur nature propre semblent nécessairement inconscients, puisqu'ils sont organiques, ou qui ne peuvent être conscients que comme étrangers au malade. On voit que l'efficacité symbolique suit un chemin inverse de celui des traitements biologiques : elle tente de donner un sens dramatique humain à des faits que la science physique isole de l'homme.

II. — Psychothérapies d'enfants

Nous ne pouvons penser dans un ouvrage de cette nature étudier les problèmes généraux de l'efficacité symbolique. Ces problèmes ne nous paraissent pas du reste clairement résolus dans l'état actuel des choses. Mais il nous paraît que le texte que nous venons de brièvement résumer servira utilement de point de départ à la réflexion du lecteur.

Si l'on retourne au chapitre précédent on notera que la thérapeutique analytique paraît s'organiser actuellement autour de deux grands thèmes dominants. Dans le premier, les psychanalystes insistent sur l'importance du moi, en montrant par exemple que tout le travail thérapeutique s'adresse à celui-ci en visant à le rendre plus souple et plus vigoureux. Par le second, ils soulignent l'importance du transfert, des relations concrètes qui s'établissent entre le psychanalysé et le psychanalyste et dont le développement favorable doit amener la guérison. Mais ces deux idées ne doivent pas conduire à oublier que le principe même de la thérapeutique reste toujours la prise de conscience. C'est ainsi que l'analyse des mécanismes de défense du moi doit toujours se traduire par une prise de conscience de ces mécanismes. C'est ainsi que le patient s'il doit vivre ses relations avec l'analyste doit prendre justement conscience de ce qu'il vit.

Il s'agit cependant de savoir ce que l'on entend exactement par prise de conscience. Celle-ci doit-elle toujours aboutir à l'explicitation et l'explication détaillées ou peut-elle être simplement une transformation des symboles par laquelle ceux-ci deviennent en partie transparents ? D'une autre façon ne serait-il pas possible à un certain degré, en utilisant le langage symbolique aussi bien que les relations des patients à des objets symboliques, d'agir sur eux sans qu'une prise de conscience se soit pleinement et précisément réalisée ? Ces questions sont particulièrement importantes en ce qui concerne les psychothérapies d'enfants, puisque la prise de conscience ne peut être réalisée chez eux de la même façon que chez l'adulte.

Dès le début des psychanalyses d'enfant on remarque les difficultés propres à celles-ci : obstacle linguistique d'une part, rapports fragiles avec la réalité d'autre part, enfin manque de motivation à entreprendre une analyse. C'est dans son article « Les principes psychologiques de l'analyse des jeunes enfants » (1926) que Melanie Klein expose pour la première fois en quoi le jeu constitue un instrument d'analyse des enfants. Si Anna Freud, dans une controverse célèbre, s'est opposée à diverses perspectives de Melanie Klein, elle ne conteste pas la valeur de la technique de jeu. Aussi les traitements d'enfants peuvent être basés sur le jeu et l'action.

C'est ainsi par exemple que Madeleine Rambert (1) utilise le jeu de guignol. Le jeu de guignol de Madeleine Rambert comporte des personnages immuables : le gendarme, le diable, la mort, la sorcière et quelques animaux. Une dame représente la maman, d'autres la tante, l'institutrice, la bonne. Le père est choisi selon sa profession parmi trois ou quatre hommes. Viennent ensuite de nombreux enfants, garçons et filles de tous âges... L'enfant est invité à inventer une histoire et à la jouer, et, le plus souvent, il l'invente au fur et à mesure qu'il la joue.

Pour cet auteur l'expression symbolique des tendances formera une prise de conscience et une abréaction directe qui suffiront souvent à atteindre le but thérapeutique. Plus la parole interviendra, plus on évoluera vers les conditions psychanalytiques habituelles.

(1) Madeleine L. Rambert, *La vie affective et morale de l'enfant*, Delachaux & Niestlé.

Les dessins sont étroitement associés aux psychothérapies d'enfants. Le thérapeute, après avoir fourni papier et crayon, dit à l'enfant : « Fais-moi un beau dessin, pas un dessin d'école, un dessin qui te fera plaisir. » Le dessin est interprété, et l'on admet souvent, du point de vue de la symbolique générale, qu'il peut être en partie considéré comme équivalent au rêve. Il ne serait pas juste de se représenter le dessin comme une épreuve qui sert au diagnostic et n'est pas autrement associée au traitement. Ce sont les associations données par l'enfant sur son dessin et son attitude devant celui-ci qui fournissent à la fois les moyens d'investigation, de contact et de traitement. Si une psychothérapie plus ou moins longue est entreprise, le dessin peut continuer à être utilisé. Il permet l'expression de l'inconscient, favorise la mise en évidence des conflits, l'abréaction de l'affectivité et la catharsis.

III. — Psychothérapies de schizophrènes

Si les psychanalystes d'enfants proposent des problèmes particuliers et font appel à des techniques spéciales, le traitement des schizophrènes, nous l'avons vu, présente de redoutables difficultés et amène les analystes à modifier leur attitude habituelle dans les traitements. C'est ainsi qu'il est classique de signaler que dans une première phase le thérapeute doit s'efforcer d'amener un transfert positif, « séduire » le patient, adopter son langage de façon à se mettre en communication avec lui. Par la suite, il tentera de faire rentrer progressivement son malade dans le réel et entreprendra l'analyse proprement dite. La psychanalyse ne pouvant se concevoir qu'à partir des relations analysé — analyste, il est évidemment difficile d'entreprendre une psychanalyse lorsque par définition les patients ne peuvent avoir de relations avec autrui.

On peut, dès lors, se demander si la communication avec le patient ne peut pas s'établir d'une façon purement symbolique, et sans que l'analyse de cette communication soit toujours très explicitement et immédiatement pratiquée. Le traitement psychologique des schizophrènes ne peut-il fournir de précieux exemples d'efficacité symbolique ? Mme M. A. Sechehaye apporte à cette question une réponse positive avec le récit d'une guérison longue et remarquable. Nous allons brièvement résumer ci-dessous cette expérience. Mais il nous paraît nécessaire de signaler dès maintenant que, non seulement la méthode de Mme Sechehaye est une méthode de réalisation symbolique, mais encore qu'elle est une véritable méthode de re-éducation dans laquelle la thérapeute se conduit activement vis-à-vis du patient. Mme Sechehaye se conduit très exactement durant les parties actives du traitement comme se conduirait une bonne éducatrice, à ceci près que sa conduite se développe sur un plan symbolique (qui est le plan de la réalité pour la malade).

Le traitement s'adresse à une malade classée d'une façon indiscutable comme schizophrène par de nombreux psychiatres. Les médecins ayant tous donné un pronostic fatal. A partir de dix-sept ans les troubles s'étaient affirmés (indifférence à l'entourage et aux événements, absence de curiosité, angoisse, perte d'intérêt pour l'alimentation, apathie, aboulie, stupeur, stéréotypies, actes automatiques, cris incoercifs, fugues, hallucinations, auditions). Au commencement du traitement, dans l'esprit du psychiatre, l'intervention devait provisoirement soulager la malade.

Mme Sechehaye commence par obtenir quelques résultats avec une psychanalyse. C'est ainsi que la patiente obtient un certificat scolaire et qu'elle est engagée dans un bureau. Mais l'état intérieur ne s'améliore pas et la maladie semble suivre son développement profond : un délire s'organise et se systématise, les terreurs augmentent, la malade entend des voix dépourvues de sens. Envoyée dans une maison de repos puis dans une clinique, son état empire. Elle sort de la clinique avec un comportement superficiellement stabilisé. L'agitation redevenant intense la patiente est de nouveau envoyée dans une clinique psychiatrique où elle se stabilisera dans l'indifférence et elle sortira de cette clinique dans ce même état.

Au bout de trois ans, la malade est toujours isolée « par un mur de culpabilité ». La difficulté est alors de la faire manger : elle ne peut alors accepter que du légume vert (n'étant pas nourrissant il ne provoque pas de culpabilité). Elle peut cependant aussi manger des pommes, pourvu qu'elles soient vertes. Elle va les cueillir dans l'arbre et se fait sévèrement gronder par une fermière. Mme Sechehaye lui apporte de belles pommes qu'elle refuse. L'hôtesse (elle se trouve alors à la campagne) voulant la faire manger comme les autres elle se sauve et arrive chez la psychothérapeute avec une très grande angoisse.

Cette dernière lui proposant des pommes la malade s'écrie : « Oui, mais ça, c'est des pommes de marchand, des pommes de grande personne, moi je veux des pommes de maman, comme ça. » Elle désigne la poitrine de la psychothérapeute : « Ces pommes-là, la maman les donne seulement quand on a faim. »

Citons maintenant un passage décisif de l'ouvrage de Mme Sechehaye : « Nous comprîmes enfin ce qu'il fallait faire ! Puisque les pommes représentaient le lait maternel, nous devions les lui donner comme une mère qui nourrit son bébé : nous devions lui donner le symbole nous-même, directement et sans intermédiaire — et à heure fixe. Pour vérifier notre hypothèse, nous nous exécutâmes aussitôt. Nous allâmes chercher une pomme et en coupant un morceau pour le lui tendre, nous lui dîmes : « C'est l'heure de boire le bon lait des « pommes de maman, maman va te le donner. » Alors R... s'appuya sur notre épaule, appliqua la pomme sur notre poitrine et mangea, les yeux fermés, pleine de componction et d'un bonheur intense. »

La patiente ayant en effet eu dans sa petite enfance des chocs très intenses au sujet de la nourriture (voir ch. III) : « Il fallait réparer le tort fait d'une façon appropriée, il fallait que la nourriture symbolique soit fournie sous la forme de nourrissage (allaitement). » Il faut souligner ici que la malade devait recevoir un symbole et non une réalité : elle eût été fâchée de recevoir du vrai lait.

Cette nouvelle méthode produit une grande détente, et, dès lors, le traitement se poursuivra, avec les hauts et les bas inévitables, mais en progressant sûrement, par l'application du même principe. Nous ne le suivrons pas plus longtemps. Il aboutit en tout cas à une guérison stable.

On voit donc que, dans ce cas où le conflit était

antérieur à la formation du moi et du langage parlé, la communication n'a été établie que par les signes symboliques du geste et du mouvement. Il convenait aussi de permettre au moi de se constituer véritablement : Mme Sechehaye a donc été amenée à se conduire durant toute une période comme une véritable mère symbolique élevant symboliquement son enfant. Le résultat paraît concluant et « les réalisations symboliques ont non seulement apporté un soulagement à la malade, mais elles lui ont donné le contact avec le réel » (1).

IV. — Le rêve éveillé dirigé en psychothérapie

Les techniques précédentes apparaissent comme de pures techniques, qui entendent se justifier sur un plan empirique. Elles posent sans doute des problèmes théoriques, mais ces problèmes restent à l'arrière-plan des différents travaux que nous venons de citer, comme probablement aussi à l'arrière-plan des préoccupations de leurs auteurs. Il n'en est pas de même de la technique que nous allons maintenant présenter, et M. Robert Desoille, qui a introduit le rêve éveillé dirigé en psychothérapie, en même temps qu'il développait expérimentalement sa méthode, s'est posé un certain nombre de problèmes concernant les fondements mêmes de l'action psychothérapeutique. La technique du rêve éveillé s'accompagne donc d'un certain nombre de conceptions concernant la façon dont elle agit.

D'autre part, qu'il s'agisse des psychothérapies d'enfants, ou même de la méthode des réalisations symboliques, l'action symbolique apparaît en quelque sorte transitoire. Le dessin

(1) M.-A. Sechehaye, *La Réalisation symbolique*, Hans Huber, Berne. Consulter aussi du même auteur : *Journal d'une schizophrène*, P. U. F.

sert au diagnostic, au besoin même favorise l'abréaction, mais en aucun cas, par exemple, l'action thérapeutique ne s'exerce en agissant directement ou indirectement sur la façon de dessiner des patients. Dans la méthode de Mme Sechehaye les symboles servent à établir la communication avec la malade, et au besoin l'action de la psychothérapeute, mais il n'y a pas action sur les symboles, manipulation active des symboles. Il s'agit de thérapeutique par l'intermédiaire des symboles, et non de thérapeutique s'adressant aux symboles. Au contraire, non seulement le rêve éveillé dirigé utilise les symboles comme moyen de communication, de diagnostic et de prise de conscience, mais encore c'est par la transformation des symboles et de leur dynamique qu'il entend agir. Il entend réaliser une véritable efficacité symbolique.

La technique du rêve éveillé dirigé se pratique de la façon suivante. Le sujet est allongé dans une demi-obscurité. On lui demande de se mettre dans un état de relaxation musculaire aussi complet que possible. On lui propose alors une image de départ qu'il est invité à décrire et au besoin à compléter. Cependant, quand le traitement est suffisamment avancé, le sujet part d'une image spontanée, ou d'une image d'un rêve nocturne, ou encore d'une image d'un rêve éveillé antérieur. Lorsque l'image de départ s'est précisée le patient est invité à se mouvoir dans l'espace imaginaire qu'il a créé. Il convient ici de noter que des suggestions actives peuvent et doivent dans certains cas être données au patient (1). On lui proposera ainsi par exemple de chercher un escalier, de le monter, ou d'ouvrir une porte, d'imaginer qu'il est près d'un fleuve, de le traverser, de traverser un mur qui vient de se dresser devant lui..., etc. D'une façon générale le rêve éveillé stimule l'imagination par l'idée de mouvement. On observe d'une façon quasi permanente qu'à l'ascension sont liées des images lumineuses, accompagnées d'un sentiment d'euphorie, tandis qu'à la descente sont liées des images sombres accompagnées d'un sentiment de crainte. Les sujets doivent rédiger une relation de chaque séance : ils sont ainsi amenés à y réfléchir et à chercher d'eux-mêmes à préciser la nature des sentiments exprimés par les scènes qu'ils ont imaginées.

(1) M. Robert Desoille s'est défendu d'employer la suggestion. Les propositions faites au sujet sont de simples stimuli de l'imagination permettant à l'intéressé d'exprimer totalement ses sentiments et de donner libre cours à ses tendances. A la mort de Desoille (1966) s'est constitué un groupe international du rêve éveillé dirigé — dont les conceptions semblent se rapprocher des perspectives psychanalytiques.

Il est bien évident que le rêve éveillé doit être dirigé, et non pas imposé. Le thérapeute ne joue le plus souvent qu'un rôle d'aiguillage. Il propose une image, laisse se développer un thème et intervient de temps à autre pour indiquer une action. Dans ces conditions un matériel abondant sera livré qu'il sera possible d'utiliser aux fins d'une analyse à la manière freudienne.

Le rêve éveillé ne s'interdit en effet nullement de recourir à la prise de conscience, qu'il juge au contraire utile. Il ne l'estime cependant pas indispensable. Ce qui est indispensable, c'est un entraînement qui amène le sujet à prendre d'autres habitudes affectives.

Nous ne pouvons nous étendre beaucoup plus longtemps ici sur la technique du rêve éveillé dirigé. Nous avons déjà montré que celle-ci réalisait une véritable efficacité symbolique. Non seulement elle réalise une prise de conscience par les symboles, mais encore propose au sujet une attitude active vis-à-vis d'eux et par une transformation positive de l'attitude symbolique entreprend d'établir de nouvelles habitudes affectives (1).

Des psychanalystes adresseront sans doute à M. R. Desoille le reproche de ne pas tenir compte de façon suffisante des phénomènes de transfert. Si celui-ci n'en nie pas la réalité il ne paraît leur accorder en effet (tout au moins dans ses publications) qu'une importance relative. Cependant il est évident qu'un apprentissage même symbolique, est fonction de la façon dont le sujet se conduit à la fois vis-à-vis de cet apprentissage et de celui qui le lui propose. Le problème des relations et de l'inter-action entre le patient et le thérapeute ne peut donc être négligé.

(1) Publications de Robert Desoille : *Exploration de l'affectivité subconsciente par la méthode du rêve éveillé dirigé*, J.-L.-L. d'Artrey, Paris, 1938 ; *Le Rêve éveillé en psychothérapie*, P. U. F., Paris, 1945 ; *Psychanalyse et rêve éveillé dirigé*, Comte-Jacquet, 1950.

Chapitre V

LES THÉRAPIES DE GROUPE

Un inconvénient pratique très important des psychothérapies (et particulièrement de la psychanalyse) consiste dans le temps parfois considérable qui est nécessaire pour mener à bien un traitement. C'est ainsi qu'une psychanalyse peut durer de un an à deux ans à raison de trois à cinq séances par semaine. L'idée de traiter un certain nombre de malades en même temps apparaît dans ces conditions très naturelle. D'autre part on peut penser que des facteurs spéciaux interviennent dans la dynamique des groupes dont l'action sera utilisable dans un but thérapeutique.

La dernière guerre a été l'occasion en Amérique et en Angleterre d'un développement important des thérapies de groupe, et depuis ces méthodes se propagent, tant dans ces pays que dans d'autres.

Il est à remarquer cependant que la psychothérapie par l'activité nous a déjà fait toucher dans une certaine mesure la thérapie de groupe.

I. — Les séances de groupe

Elles consistent à réunir un certain nombre de malades en conférence sous la direction du thérapeute. Le nombre de malades est en moyenne d'une dizaine, bien que certains auteurs admettent des groupes allant jusqu'à cinquante et plus. Le groupe admet certains écarts entre les types de malades présents mais doit présenter une certaine homogénéité. Chaque malade doit avoir fait l'objet d'un examen préalable. En principe les malades sur lesquels cette méthode a le plus d'action sont ceux qui conservent un certain contact avec la réalité (dépressions, troubles du caractère, névroses, troubles psychosomatiques).

Très souvent les séances commencent par une courte exposition facilement compréhensible. L'animateur provoque ensuite les discussions et fournit les explications nécessaires. Dans d'autres cas le responsable lira l'observation anonyme d'un malade présent — ou encore un malade exposera lui-même son cas.

Il est fondamental qu'il s'agisse bien d'entretiens, de discussions, et non d'un cours. Dans ces conditions le premier effet est de faire cesser ou d'atténuer l'isolement des malades. Un malade donné, même s'il n'intervient pas, a tendance à s'identifier à celui qui parle. Par les identifications ainsi créées un premier pas est fait vers la réadaptation sociale. Chaque malade perdra de plus l'impression d'être scindé de l'humanité, en entendant d'autres hommes exposer des problèmes comparables aux siens, il se sentira réintroduit dans une société moins hostile. Enfin, l'expression des conflits amènera par elle-même une détente.

A noter que certains thérapeutes s'abstiennent presque de toute intervention personnelle. Les séances de groupe peuvent être conçues dans une perspective psychanalytique (1).

Il convient de signaler ici les applications réalisées par les psychosociologues dans le domaine du perfectionnement aux relations humaines, à partir de l'étude de la « dyna-

(1) Quelques principes d'une méthode psychanalytique de la thérapie de groupe, H. Ezriel, *Contribution à un colloque du Congrès international de Psychiatrie*, Paris, 1950. J. W. Klapman, *Group psychotherapy*. S. R. Slavson and P. Scheidlinger, *Group psychotherapy*, Grune and Stratton.

mique de groupe ». Sans doute, dans un tel cas, le but n'est pas psychothérapeutique. Mais l'ensemble des connaissances théoriques et pratiques qui ont été dégagées, les méthodes qui ont été mises au point, seraient d'un secours précieux à la pratique des thérapies de groupe. Il est à notre sens regrettable que les psychothérapeutes soient restés, bien souvent, extérieurs à ces réalisations, et, alors même qu'ils utilisent des méthodes de groupe, ne connaissent pas mieux les phénomènes sur lesquels doit s'appuyer leur action.

Nous ne pouvons cependant présenter ici la technique psychosociologique des « groupes d'évolution ». On consultera sur ce sujet : « Psychosociologie industrielle », *Hommes et Techniques*, 1959, n° 169, le numéro spécial du *Bulletin de Psychologie* (158-161-6, 9/XII), ainsi que « Une conception des groupes d'évolution », Guy Palmade, *Connexions*, n° 1, A. R. I. P.

Il ne faudrait cependant pas négliger les apports importants à la psychothérapie de groupe qui ont été réalisés par différents spécialistes.

Pour autant qu'on le sache, le premier apport sur la thérapie de groupe en tant que méthode de traitement date de 1905. Pratt a tenté de traiter, dans le cadre d'une classe, par des discussions dirigées, des groupes de malades somatiques. Depuis, et toujours dans le domaine de la psychothérapie, les efforts se sont multipliés, mais en général dans une perspective plus ou moins psychanalytique.

La thérapie de groupe, appliquée à des enfants, fut introduite en 1934, au Jewish Board of Guardians à New York, par Slavson. Plus tard, les groupes d'activité, les groupes de discussion, la thérapie de groupe analytique et les groupes dirigés furent développés sous la direction du même auteur.

Slavson part d'une perspective explicitement psychanalytique et il énonce lui-même les concepts et les hypothèses fondamentales sur lesquels il est d'accord. Il est bien certain que ce que le thérapeute reconnaît comme éléments dynamiques dans le développement de la personnalité affectera sa conduite du traitement. A partir des bases explicitées, Slavson étudie la manière dont les éléments communs à toute psychothérapie « sérieuse » se manifestent dans la psychothérapie de groupe. Par exemple :

— *Le transfert :* Les problèmes de transfert sont particulièrement complexes dans la psychothérapie de groupe. On peut tout d'abord distinguer le transfert libidinal : il désigne les attitudes et les sentiments transférés sur le thérapeute. Pour Slavson ce transfert n'a pas la même intensité, ni la même profondeur, que dans le cas des thérapies individuelles. On appellera d'autre part transfert fraternel celui qui correspond à l'enchevêtrement des sentiments qui unissent les membres du groupe de thérapie entre eux. On rencontre enfin le transfert d'identification. Celui-ci permet de se connaître de façon plus objective dans le groupe et augmente la capacité à entretenir des relations objectales. Il sert aussi de base à l'unité du groupe durant la phase de transfert négatif sur le thérapeute. La multipolarité du transfert, telle qu'elle vient d'être évoquée, a comme effet de diluer celui-ci.

— *La prise de conscience :* Dans un groupe la présentation de problèmes communs et l'interprétation spontanée par les uns ou les autres des mobiles de chacun aide chaque membre à se comprendre lui-même et à comprendre autrui. Par des phénomènes de ce genre se développe un soutien mutuel qui aide à progresser vers la prise de conscience. Dans le même sens, quand des patients découvrent que d'autres personnes ont des problèmes analogues aux leurs, cette « universalisation » favorise le processus thérapeutique. Par contre l'interprétation en groupes présente des difficultés que l'on ne rencontre pas en traitement individuel. Une importante difficulté est le degré différent de préparation, le fait que les patients ne sont pas nécessairement venus à bout de leurs résistances au même degré et ainsi ne sont pas prêts aux mêmes prises de conscience (1).

Spotnitz et Sibulkin ont particulièrement étudié les courants émotionnels dans la situation de groupe. Pour ces auteurs trois constellations de forces caractéristiques apparaissent fréquemment dans la situation de groupe. La constellation de forces de reproduction positives comprend les forces qui se font sentir dans les désirs d'union sexuelle, de concevoir, de former un enfant. Par constellation de forces d'inadaptation on entend les inadaptations émotionnelles et les insuffisances d'intégration qui détournent les forces de reproduction. Le comportement du groupe serait lié aux équilibres qui

(1) S. R. SLAVSON, *Psychothérapie analytique de groupe*, P. U. F., 1953.

existent entre ces deux constellations de forces. Lorsque la force de la constellation de l'insuffisance est dominante, une situation explosive se crée dans le groupe qui tend à le disloquer. Les forces explosives correspondent alors à la constellation négative des forces de reproduction (1).

W. R. Bion, partant d'une perspective proche de celle de Melanie Klein, utilise certaines notions mises en avant par celle-ci pour dégager ce qu'il appelle des « hypothèses de base ». Celles-ci correspondraient à des schèmes sous-jacents qui orienteraient et organiseraient la vie du groupe. Bion dégage trois types de schèmes organisateurs : dépendance, appariement, fuite-attaque.

La dépendance est dépendance envers un leader divinisé, qui « nourrit » et protège le groupe, qui est à la source de toute valeur, et par rapport auquel la vie du groupe s'organise.

Dans l'appariement l'attention et l'espoir se tournent vers les liens de sympathie qui sont en train de s'établir entre deux membres du groupe. L'accent est à la fois mis sur le couplage et sur le sentiment d'espoir. Les thèmes développés sont par exemple des types suivants : le mariage pourrait mettre fin aux difficultés psychologiques, la thérapie de groupe peut renouveler les rapports sociaux, une nouvelle communauté serait susceptible d'être créée qui serait pour tous d'un grand apport... Ce qui compte est ici que la réalisation de l'espoir est à naître. C'est une personne ou une idée qui doit sauver le groupe : de la haine, de la destruction, du désespoir... et il est essentiel à l'espoir messianique ainsi présenté de n'être pas réalisé.

La « fuite-attaque » correspond à l'alternance de ces deux comportements. Le groupe agit comme s'il lui était nécessaire de fuir et d'attaquer quelque chose ou quelqu'un (2).

En dehors de ce qui s'est clairement constitué dès l'origine comme psychothérapie de groupe, par exemple les travaux de Bion auxquels on vient de se référer, ou ceux de Foulkes (3),

(1) H. Spotnitz, *Thérapie de groupe en tant que technique psychothérapeutique spécialisée* dans *Techniques spécialisées de la psychothérapie*, P. U. F.

(2) *Experiences in groups*, Tavistock publications, Londres, 1961.

(3) S. H. Foulkes et E. J. Anthony, *Psychothérapie de groupe*, Epi, 1969.

dans les années 1950 s'était développée aux Etats-Unis la dynamique de groupe (1). Celle-ci n'est pas à l'origine une thérapie de groupe, elle vise sur son versant pratique à une sensibilisation aux phénomènes de groupe et à une amélioration des relations humaines.

Il est cependant difficile de soutenir qu'il existe d'un côté des phénomènes propres aux « groupes de normaux », et d'un autre des phénomènes uniquement caractéristiques des groupes de psychothérapie, sans que quelques communautés puissent être trouvées entre les uns et les autres. D'autre part, bien des « dynamiciens de groupe » sont devenus des psychothérapeutes de groupe, de même que des psychothérapeutes ont fait l'expérience de la dynamique de groupe. Une coupure tranchée n'existe pas entre ces domaines. Les psychosociologues comme les psychanalystes qui s'engagent dans des thérapies par la dynamique de groupe combinent, selon H. E. Durkin (2), la dynamique de groupe avec un processus thérapeutique connu. La dynamique de groupe constitue pour eux l'élément nouveau et déterminant. C'est ce qui identifie la thérapie par la dynamique de groupe.

Il est à noter que Freud lui-même avait abordé les phénomènes de groupe (*Psychologie collective et analyse du moi*, 1921). Ayant conçu l'idéal du moi comme un modèle auquel le sujet doit se conformer, il pense que cette instance permet de rendre compte de la fascination amoureuse, de la dépendance à l'égard de l'hypnotiseur, et en ce qui concerne notre sujet actuel de la soumission au leader. Dans cette dernière perspective « une foule primaire se présente comme une réunion d'individus ayant tous remplacé leur idéal du moi par le même objet ». Le fait que le leader soit mis à la place de leur idéal du moi par les membres du groupe (identification primaire) entraîne une identification réciproque des individus les uns aux autres (identification secondaire). Freud se reporte ensuite à une analogie avec la horde primitive pour expliquer le pouvoir dans le groupe.

La théorie de la horde, invérifiable, a été généralement abandonnée. L'analogie avec la famille apparaît scientifiquement plus acceptable. Mais, dans ce second cas, H. E. Durkin doute que ce soit nécessairement la relation avec le père qui soit nécessairement « réanimée », alors que le premier pouvoir irrésistible dans l'expérience humaine est la mère. Il convien-

(1) J. Maisonneuve, *La dynamique de groupe*, P. U. F., « Que sais-je ? ».
(2) H. E. Durkin, *Le groupe en profondeur*, Epi, 1973.

drait « de placer au centre de la question », selon cet auteur, les facteurs préœdipiens, et spécialement celui du pouvoir dans la relation mère-enfant.

On s'est attaché à préciser ce qui différencie la psychothérapie analytique de groupe à l'intérieur de la psychothérapie de groupe. Les pré-conditions essentielles d'un groupe psychothérapeutique « classique » sont les suivantes : le groupe repose sur la communication verbale, le membre individuel du groupe est l'objet du traitement, le groupe lui-même est le principal agent thérapeutique. Dans la psychothérapie analytique de groupe, la spécification porte sur les points suivants : la communication verbale devient une « libre discussion », qui correspond à la « libre association » en psychanalyse ; ce qui est produit et se déroule dans le groupe est interprété et étudié, non seulement les processus mais l'analyse du processus fait partie de l'opération thérapeutique ; l'objet de la discussion est traité pour son contenu inconscient, selon les principes de la psychanalyse.

Dans la période qui vient de s'écouler, les travaux concernant la psychothérapie analytique de groupe se sont développés en France. C'est ainsi que D. Anzieu s'est attaché à développer une analogie entre le groupe et le rêve en décrivant et situant les principaux processus fantasmatiques en œuvre dans le groupe (1). Etudiant « l'appareil psychique groupal », R. Kaës a principalement voulu instaurer une sorte de réversibilité entre le groupe et la personne : la personnalité serait une « groupologie », au moins dans certaines de ses structures, et le groupe une construction tributaire des « organisateurs psychiques » (2). De notre côté nous nous sommes efforcé de mettre en évidence la modalité particulière d'existence du « groupe d'évolution », celle du « dire-agir » — ce qui est dit par chacun est en partie dit inconsciemment du fait de ses retentissements et effets (non perçus) sur le groupe — et de montrer que le « transfert du groupe » ne pouvait exister qu'à travers une constitution conflictuelle du groupe, ce qui impliquait un transfert lui-même conflictuel (3).

II. — Le psychodrame

C'est Aristote qui semble le premier avoir noté l'effet « cathartique » de l'action dramatique sur

(1) D. ANZIEU, *Le groupe et l'incoscient*, Dunod éd., 1978.
(2) R. KAËS, *L'appareil psychique groupal*, Dunod éd., 1976.
(3) G. PALMADE, *Groupes d'évolution et psychanalyse*, à paraître.

le spectateur. On se demanderait cependant si l'on ne doit pas au marquis de Sade le premier usage du théâtre dans un but précisément psychothérapeutique (à Charenton, consulter Maurice Heine, *Le Marquis de Sade*, Gallimard, p. 112). On a cependant mis en doute la pureté des intentions du marquis de Sade (Esquirol).

Mais c'est Moreno qui créa véritablement la technique psychodramatique (à Vienne, à partir de 1921, puis en Amérique, à partir de 1926). Moreno eut la première idée du psychodrame en écoutant les confidences du mari d'une actrice. Cette dernière, qui jouait toujours des rôles d'ingénue, se montrait par contre désagréable dans la vie conjugale. Moreno proposa à cette actrice une nouvelle pièce où elle tiendrait le rôle d'une mégère. La jeune ingénue se révéla une mégère parfaite. Le mari confia à Moreno qu'elle s'était comportée comme elle se comportait ordinairement à la maison mais que le jour de la scène improvisée elle s'était au contraire montrée tendre. Moreno poursuivit l'expérience en faisant jouer au couple les différents moments de sa vie conjugale.

Le psychodrame se déroule dans une salle ne comportant pas de décoration. Toute liberté est ainsi laissée à l'imagination de l'acteur. Les sujets doivent revivre des épisodes de leur vie privée et ne pas ressentir l'impression d'une scène impliquant des spectateurs. Moreno, s'appuyant sur de nombreuses conceptions théoriques et philosophiques personnelles, voit essentiellement dans le psychodrame un entraînement actif de la spontanéité. Pour lui, la spontanéité est une véritable fonction, comme l'intelligence ou la mémoire, mais qui est peu développée par notre mode de civilisation. On trouve dans Moreno une analyse détaillée du développement de la spontanéité.

Le malade, dans le psychodrame, doit être acteur. Il est obligé d'agir, de sortir de sa maladie au lieu d'y assister. Il vit et il extériorise ses pensées en passant successivement par les diverses étapes du développement de la spontanéité.

Au cours du développement de l'enfant se constitue le

« moi auxiliaire ». Le moi auxiliaire de l'enfant est sa mère. Il est doué d'un rôle double : représenter le personnage et le guider. Dans le traitement psychodramatique interviennent des « moi auxiliaires ». Ceux-ci restent neutres et jouent suivant les directives du sujet. Si celui-ci n'est pas capable de décider, c'est le thérapeute qui distribue les rôles. Après une scène le malade discute à haute voix avec le moi auxiliaire.

D'une façon générale le thérapeute joue le rôle de meneur de jeu. Les « moi auxiliaires » comme le thérapeute meneur de jeu doivent avoir été soumis à l'analyse du psychodrame. Les moi auxiliaires doivent être des deux sexes et présenter des personnalités variées. Le malade choisit son rôle et ses moi auxiliaires.

Le psychodrame a été utilisé pour le traitement des enfants, des troubles du caractère, des névroses, voir aussi dans des cas de psychose. On l'a employé d'autre part pour l'orientation ou pour dénouer des situations gênantes pour les intéressés.

A noter qu'une séance de psychodrame est loin d'être toujours vraiment une thérapie de groupe. Souvent ce n'est que le traitement de certains individus dans le groupe. D'autres fois le psychodrame se poursuit sans qu'aucun groupe soit présent (1).

III. — La théâtro-thérapie en général

Le psychodrame de Moreno est une thérapeutique conçue à partir d'idées générales propres à cet auteur. On peut cependant penser utiliser le jeu dramatique spontané sans adhérer à l'ensemble de conceptions qui forment la base du psychodrame

(1) Consulter : *Psychodrama*, J.-L. MORENO, Beacon House, N.-Y., 1946. En français : *Le psychodrame*, de MORENO ; Première Expérience française sur le psychodrame ; Mireille MONOD, *Sauvegarde*, nov.-déc. 1947 ; Le Psychodrame, Robert BADINTER, *Echanges sociologiques*, II, 1948 ; Introduction au psychodrame. Psychodrame d'un mariage, J.-L. MORENO, *Les Temps modernes*, n°s 59-60. A. ANCELIN-SCHUTZENBERGER, *Précis de psychodrame*, Ed. Universitaires ; BASQUIN, DUBUISSON et coll., *Le psychodrame, une approche analytique*, Dunod éd.

proprement dit. C'est ainsi que R. Dreikurs *(Chicago Medical School)* a par exemple mis au point une psychothérapie de groupe dans une perspective adlérienne, tandis qu'en France des efforts sont développés à partir d'un arrière-plan psychanalytique. A noter aussi que la thérapie de groupe de Dreikurs déborde les cadres d'une pure théâtro-thérapie.

En France, J. Moreau-Dreyfus et S. Lebovici (Service de Neuro-Psychiatrie infantile du Dr Heuyer) utilisent d'autres méthodes que la théâtro-thérapie (discussion libre, association d'idées par le dessin, marionnettes avec fabrication des marionnettes). Mais c'est l'action dramatique qui paraît cependant former le centre de leur thérapeutique.

Pour chaque scène le scénario est introduit par des méthodes variées (préparation en commun d'un scénario, début par une scène de mime sans paroles, début à partir d'une situation test, thème général proposé, inventé à partir d'une gravure, etc). Au cours de l'action dramatique chaque membre agit selon ses propres tendances. Dans ces conditions l'action s'écarte souvent rapidement du thème proposé. Cependant, parfois, les thérapeutes modifient les scénarios en vue de favoriser l'abréaction. La libération de l'agressivité est rendue possible. « De fait, ceux qui ont assisté à un psychodrame (il serait plus exact sans doute de parler de théâtro-thérapie) ont vu à quel déchaînement d'agressivité on pouvait assister, et ceci même chez les enfants apparemment les plus inhibés. »

Un problème intéressant est le problème du transfert. Comme en thérapie de groupe, son mode d'action est différent de celui qu'on observe dans les analyses individuelles. Le patient manifeste souvent un transfert positif à la fois sur le groupe et sur le ou les thérapeutes qu'il connaît. La théâtro-thérapie est en effet souvent une grande source de satisfaction : elle permet en partie à chacun de réaliser la personne qu'il désirerait être.

Le transfert négatif s'exprime dans l'action dramatique : le personnage joué par le thérapeute est puni, souvent maltraité, mis à mort.

Le transfert agirait en lui-même d'une façon thérapeutique (apaisement d'un transfert positif). Mais surtout, le thérapeute ayant toujours une même bienveillance neutre, il y a une rupture de la complémentarité entre l'action du malade et la réaction du milieu, ainsi le patient est amené à changer sa conduite. D'autre part, il existe un transfert sur le groupe, et chaque malade, s'identifiant successivement avec les membres du groupe qui se manifestent, bénéficie véritablement des actions effectuées par ceux-ci.

Au point de vue de l'efficacité du traitement les auteurs estiment qu'au rythme d'une séance par semaine l'influence thérapeutique doit s'exercer plusieurs mois avant d'obtenir une réelle liquidation des conflits. La technique que nous venons de décrire serait particulièrement indiquée chez les enfants dans les cas d'émotivité avec inhibition et de sentiment d'abandon. Les symptômes suivants relèveraient aussi de cette technique : tics peu graves, bégaiements, énurésie. réactions antisociales bénignes. On devrait éliminer des groupes de théâtro-thérapie : les grands inhibés narcissiques, les enfants pervers et sadiques, les grands instables (1).

Les traitements effectués par Moreau-Dreyfus et Lebovici s'adressent aux enfants et aux adolescents. En France F. Pasche utilise la théâtro-thérapie d'une façon plus générale. Une dizaine de malades sont groupés devant une petite scène et s'entretiennent de leurs problèmes. Lorsque l'un deux aborde un sujet intéressant et susceptible d'être joué il est proposé de le faire. Le patient choisit donc toujours le thème de ce qu'il va jouer. Il choisit aussi son ou ses partenaires parmi l'assistance. Après l'action dramatique, des interprétations sont données. Mais ces interprétations portent essentiellement sur la résistance, sur le transfert négatif.

IV. — Le sociodrame

Cependant Moreno a clairement mis en évidence que souvent dans les thérapeutiques de groupe les praticiens font plus appel à une science des relations inter-individuelles qu'à une science des groupes. Or, il est évident que la condition d'une thérapie de groupe lucide et véritable serait la connaissance de la structure des groupes, de la « sociodynamique » opérant en eux. Sans une connaissance de l'orga-

(1) La psychothérapie collective de l'enfant, J. Moreau-Dreyfus et S. Lebovici, *Sauvegarde*, nov.-déc. 1947. A propos du transfert en psychothérapie collective, J. Dreyfus-Moreau, *Revue française de Psychanalyse*, 2, 1950.

nisation des groupes, la psychothérapie de groupe peut dans une certaine mesure paraître un accident. En fait, les concepts valables pour la psychothérapie inter-individuelle ne sont pas nécessairement extensibles à la thérapie de groupe. « Les recherches sur l'organisation de la masse, la position de chaque individu dans le groupe, les courants psychologiques qui la traversent et les forces d'attraction et de répulsion qu'elle exerce sur d'autres masses nous obligent à formuler de nouveaux concepts et une terminologie spéciale mieux adaptée à de nouveaux problèmes » (Moreno). Les individus qui entrent dans un groupe sont à ce moment sur un nouveau plan et des phénomènes différents commencent à apparaître. La thérapeutique de groupe comprise comme thérapeutique à partir du groupe, et par le groupe, doit tenir compte de ces phénomènes.

Moreno a apporté avec la sociométrie une intéressante méthode d'étude des groupes. Cette méthode a permis de mettre en évidence un certain nombre de phénomènes dont il conviendrait de tenir compte dans une véritable thérapeutique de groupe. C'est ainsi que, d'une part, toute action avec et sur groupe devrait tenir compte de son organisation formelle et de son organisation spontanée, et que, d'autre part, le choix de la technique devrait dépendre de l'organisation psychosociale du groupe de malades.

Nous avons jusqu'ici envisagé la thérapie de groupe comme une façon de traiter les gens en groupe en se servant de la dynamique des groupes. Mais au lieu de s'intéresser aux problèmes des individus, il est possible de s'intéresser aux problèmes des groupes eux-mêmes. L'instabilité, les scissions, les antagonismes, les tensions de toute espèce ou la désagrégation peuvent en effet survenir dans les multiples groupes sociaux, proposer des problèmes spécifiques et inviter à entreprendre une action appropriée.

La sociométrie a élaboré deux techniques principales de

transformation sociale : le test de population et le sociodrame. « Le test de population est une technique qui fonctionne sur les lieux ; il amène la population à exprimer son moi collectif et sa volonté à l'égard de toutes les activités fondamentales dans lesquelles elle est, ou va être, engagée. » La population peut être celle des habitants d'un village, des techniciens et des ouvriers d'une usine..., etc. « Le sociodrame est une technique qui permet d'explorer l'image véridique des maux sociaux dans un groupe, c'est-à-dire la vérité affective et souvent camouflée sous la structure sociale réelle et sous les conflits qu'elle provoque ; d'indiquer la direction des transformations désirables au moyen des méthodes dramatiques. » Nous n'insisterons pas plus sur un sujet qui sort du cadre du présent ouvrage (1).

(1) J.-L. Moreno, Les Fondations sociodynamiques de la psychothérapie de groupe, *Congrès international de Psychiatrie*, Paris, 1950. Sociométrie et Marxisme, *Cahiers internationaux de sociologie*, vol. VI ; Helen H. Jennings, *Leadership and isolation*.

Chapitre VI

DIVERSIFICATION DE LA PSYCHOTHÉRAPIE

Il serait simplificateur et schématique, mais pas vraiment injustifié, de considérer que les psychothérapies que nous avons regroupées sous le titre « psychothérapies sans fondement systématisé » précèdent la psychanalyse (à l'exception de la psychothérapie non-directive et de l'orientation existentielle) ; qu'ensuite la psychanalyse joue un rôle dominant ; et qu'enfin d'une façon fort notable à partir de 1960 — la psychanalyse continuant à jouer un rôle important, de nouvelles psychothérapies, d'inspirations très diverses, se constituent et se développent. On a en effet assisté, et l'on assiste actuellement, à une véritable diversification de la psychothérapie. Ce constat étant fait, le problème reste ouvert de savoir ce que cette diversification peut apporter — par exemple plus de souplesse adaptative en face des différents cas — mais aussi ce que cette diversité peut contenir de pratiques illusoires ou même dangereuses. De ce dernier point de vue, la diversification de la psychothérapie a produit un panorama que l'on peut estimer plus ou moins chaotique.

Il est cependant possible de mettre en évidence quelques tendances caractéristiques en œuvre à l'intérieur de cette diversification : la réapparition d'attitudes directives et d'interventions actives dans beaucoup de psychothérapies, le rôle de plus en plus important joué par les groupes dans diverses méthodes, l'atténuation (ou même la disparition) dans de nombreux cas de l'aspect « thérapeutique » de la psychothérapie.

Alors que les psychothérapies antérieures à la psychanalyse pouvaient conseiller, éduquer, diriger, moraliser, hypnotiser, l'attitude du psychanalyste doit être de « neutralité bienveillante ». A la suite de la psychanalyse, dans une perspective non-directive, on devait même trouver celle-ci trop directive, dans la mesure où le psychanalyste tendrait à indiquer au patient ce qu'il doit penser de lui-même. Au contraire, parmi les psychothérapies plus récentes, qu'il s'agisse des thérapies comportementalistes, des psychothérapies par le corps, des thérapies de famille, de la thérapie de l' « injonction paradoxale »..., dans tous ces cas les psychothérapeutes interviennent de façons diverses, mais clairement actives et directives. Ce qui n'empêche nullement la littérature consacrée à ces nouvelles psychothérapies d'insister sur la liberté qui doit être celle du patient dans la cure, sur sa nécessaire autonomie. Non seulement d'anciens tenants de la non-directivité la plus stricte se sont convertis à des pratiques fortement interventionnistes, mais ils argumentent éventuellement pour montrer que le sens de ces interventions est finalement de ne pas diriger !

Nous avons consacré un chapitre à la psychothérapie de groupe (1), qui s'est développée de façon importante. Mais d'autres psychothérapies, qui ne se disent pas « de groupe » dans leur appellation, utilisent celui-ci. C'est le cas pour les psychothérapies de famille, pour l'analyse transactionnelle, pour la psychothérapie institutionnelle...

Une autre caractéristique importante de beaucoup des psychothérapies qui se sont développées aux environs et à partir de 1960 est qu'elles concernent de moins en moins des « malades », et c'est la raison pour laquelle nous avons parlé de psychothérapies qui perdaient (à des degrés divers) leur aspect thérapeutique — au moins dans la manière dont elle sont présentées. Se trouve ainsi substituée à la notion de guérison par psychothérapie, par exemple l'idée d'accéder

(1) Elle devrait plus justement être dite « psychosociothérapie » — si le mot n'était pas aussi lourd.

à des comportements plus réalistes et plus rationnels, ou encore de prendre conscience de fonctions corporelles jusque-là ignorées, d'entretenir de meilleurs rapports avec son corps, d'épanouissement de la personnalité, d'instauration de communications plus « authentiques » avec les autres et avec soi-même. L'apparition d'une clientèle potentielle qui ne souffre pas de troubles mentaux — au moins au sens classique — mais qui se sent en difficulté ou dans la vie et/ou peu satisfaite (à divers titres et sous diverses formes) de son existence, doit être mise en rapport avec ce développement des « psychothérapies non thérapeutiques » ; et cette apparition elle-même doit être liée à l'évolution culturelle et sociale des sociétés industrielles.

Cette forme d'extension de la psychothérapie n'a pas empêché les diverses modalités de la psychothérapie (au sens classique du terme, et en y comprenant la psychanalyse) de se perpétuer et de se développer. Une des raisons en est, nous l'avons vu, que l'utilisation des psychotropes a rendu possibles des communications avec certains malades avec qui elles étaient antérieurement impossibles. D'autre part on continuera bien, le plus généralement, à considérer que la guérison constitue le but à atteindre dans les névroses et les psychopathies.

Nous ne pouvons présenter (brièvement) ici qu'un nombre limité des psychothérapies récentes — celles qui nous semblent particulièrement importantes, à savoir :

— la psychothérapie institutionnelle ;
— les thérapeutiques comportementalistes ;
— les thérapeutiques par le corps ;
— l'approche psychosomatique ;
— la psychothérapie par la double contrainte ;
— les thérapies de famille ;
— l'analyse transactionnelle ;
— la narco-analyse.

1. La psychothérapie institutionnelle. — La psychothérapie institutionnelle ne peut être considérée — sauf que l'on refuse à toute psychothérapie d'être thérapeutique — comme une forme de psychothérapie qui ne s'adresse pas à des malades. Comme le terme l'indique elle se développe dans des institutions, et l'on y trouvera des sujets qui souffrent de troubles notables.

Comme nous l'avons déjà vu, les psychothérapies par l'activité (ergothérapie, thérapie occupationnelle) introduisent à la psychothérapie institutionnelle, dans la mesure où elles doivent être intégrées à une sociothérapie (1).

On doit à un précurseur allemand, Hermann Simon, d'avoir préconisé, dès les années 1900, non seulement des thérapeutiques actives par des groupes d'ergothérapie, mais d'avoir souligné que l'équipe, le pavillon, l'hôpital devaient être considérés comme des totalités susceptibles de présenter une pathologie originale.

La thérapeutique institutionnelle se présente comme en rupture avec l'hôpital psychiatrique traditionnel et sa nature totalitaire et fermée sur elle-même, elle vise à faire de l'institution un lieu de resocialisation. C'est l'institution qui doit devenir en elle-même soignante, et l'on souligne que l'institution n'est pas la simple somme de ses composantes, mais qu'elle doit être envisagée comme système et dans sa totalité.

Le cadre, l'organisation et le programme doivent être pensés en fonction d'une visée globale de désaliénation. Ils doivent l'être en conséquence avec une participation des patients, et de telle manière que les mécanismes de « réparation », de « restauration », de « prise en considération » soient mis en œuvre dans les collectifs. L'organisation se fonde sur un principe contractuel, implicatif d'une intention collaboratrice. Les activités multiples (travail, art, jeux et sports, tourisme, rédaction de journaux) sont généralement réalisées en petits groupes. Les réunions (réunions d'équipe de soignants, psychothérapeutiques, de gestion, de pavillon), en dehors de leurs aspects fonctionnels, doivent être un lieu de catharsis et d'expression symbolique. Les groupes psychothérapeutiques, comprenant un noyau de participants assez stable, peuvent prendre des formes diverses et sont fréquemment utilisés, à des rythmes variables. D'une façon générale la circulation de l'information à l'intérieur de l'institution, les échanges, l'expression sont favorisés. Notons que la psychothérapie institutionnelle n'exclut pas l'usage de la chimiothérapie.

La psychothérapie institutionnelle a été utilisée dans diverses perspectives (par exemple plus centrée sur ce qui est occupationnel, ou sur la sociothérapie, ou sur la psychanalyse). Pour celles des réalisations qui se sont développées sous l'influence de la psychanalyse, elles rencontrent les problèmes de l'articulation entre les perspectives psychana-

(1) Voir p. 38. Le terme de « sociothérapie » ne paraît pas très juste. Ce n'est pas en effet la société en soi qui soigne ici directement, mais bien une institution.

lytiques et celles de la théorie des organisations : quelle e[illegible] la nature des phénomènes inconscients collectifs, des phén[illegible]mènes de transfert relatifs aux institutions, comment en tenir compte et les interpréter (1).

Pour terminer, ajoutons qu'une présentation plus complète des organisations psychothérapeutiques devrait prendre en compte les communautés d'auto-assistance paritaires, et particulièrement certaines associations pour drogués — ce que nous ne pouvons entreprendre ici.

2. **Les thérapeutiques comportementalistes.** — Sous une forme radicale, les tenants des thérapeutiques comportementalistes estiment que les troubles du comportement ne sont pas l'expression de phénomènes internes, de quelque maladie cachée, mais que ce sont des comportements d'une certaine nature (on les considère comme des « symptômes » dans une perspective qui n'est justement pas la leur) qui constituent les troubles eux-mêmes. Ce qui revient à considérer que les troubles sont « appris » d'une certaine manière, et l'on voudra en conclure que ce qui a été appris peut se désapprendre, ou faire place à un nouvel apprentissage.

On peut ainsi considérer que les thérapies comportementalistes sont des thérapies par l'éducation, si l'on pose que l'éducation se réduit à l'apprentissage, et l'apprentissage au conditionnement opérant.

On sait que si l'on associe à un excitant absolu (celui qui produit « naturellement » chez l'homme et l'animal une réponse donnée, par exemple la salivation) un autre excitant (un excitant conditionnel, par exemple le son d'une cloche), au bout de quelque temps et en entretenant l'association, l'excitant conditionnel (la cloche) sera à lui seul susceptible d'entraîner la réponse (salivation). Nous venons de définir le conditionnement « pavlovien ». Le conditionnement « opérant » est différent. Dans ce cas la réponse n'est pas à l'origine commandée par l'excitant absolu auquel on associe la présentation de l'excitant conditionnel. L'excitant absolu est présenté après la réponse (renforcement), et ainsi la réponse est commandée par ses conséquences. Un dispositif réponse (par exemple : un levier), s'il est actionné (réponse), amène la présentation de nourriture (excitant absolu, renforcement).

(1) Sur la psychothérapie institutionnelle, consulter : J. Oury, *Psychiatrie et psychothérapie institutionnelle*, Payot ; 1976, F. Tosquelles, *Pédagogie et psychothérapie institutionnelles*, P. U. F., 1966 ; J. Chazaud, *Introduction à la thérapeutique institutionnelle*, Privat, 1978.

On peut ainsi mettre une unité de comportement sous le contrôle d'un renforcement.

On peut dès lors concevoir que l'apprentissage se produise selon les corrélations qui existent, pour un environnement muni d'une certaine structure, entre les comportements d'un individu et leurs conséquences. Les méthodes thérapeutiques fondées sur le conditionnement opérant auraient pour but d'améliorer le comportement en créant des structures qui mettent automatiquement à contribution les ressources de l'entourage.

Dans le traitement des maladies mentales par le conditionnement instrumental, on décomposera la maladie considérée en comportements bien définis, et l'on mettra ensuite au point des méthodes destinées à changer les comportements constituants. Dans la thérapeutique d'aversion, où il s'agit d'écarter des comportements indésirables, comme le nom l'indique, la thérapie fait appel à des stimuli d'aversion (punition). La « désensibilisation systématique » est utilisée pour apaiser la crainte et l'angoisse — mais le processus mis en œuvre est plus complexe que ceux que nous venons d'examiner.

Si les thérapeutiques du comportement ont pris quelque ampleur ces dernières années, on concevra qu'elles aient donné lieu à critiques, en particulier de la part des psychothérapeutes qui s'inspirent de la psychologie dynamique (1).

3. **Les thérapeutiques par le corps.** — Il peut sembler paradoxal de s'intéresser aux thérapeutiques du corps dans un livre consacré à la psychothérapie. Nous avons en effet défini la psychothérapie comme une thérapeutique par la psychologie — indépendamment de ce qu'elle soigne — alors qu'une thérapeutique par le corps, alors même qu'elle vise à soigner l'esprit, n'est par définition pas de nature psychologique. Mais si l'on examine les thérapeutiques du corps qui existent, on s'aperçoit que celles-ci associent à une action sur et par le corps des effets d'induction psychologique indiscutables et qu'elles considèrent généralement qu'il ne convient pas de dissocier le corporel de l'affectif. L'idée générale qui guide les « psychothérapies corporelles » est qu'il convient d'apprendre la « sagesse » de son corps, de donner libre cours aux énergies primitives et intenses, d'oublier l'esprit pour retrouver les sens.

(1) S. Seron, J.-L. Lambert, M. Van der Linden, *La modification du comportement*, Dessart, Bruxelles, 1977.

W. Reich (à l'origine psychanalyste, connu pour son analyse du caractère), créateur de la « thérapeutique de l'orgone » (ou végétothérapie), pensait que la libido (flux d'énergie vitale) se bloquait chez les névrosés à cause des défenses répressives, et que l'on libérait plus efficacement ces forces par des contacts corporels (massages et exercices) que par des procédés psychanalytiques. Sous le nom de « bioénergétique », A. Lowen a développé une variante de la végétothérapie, qui, par des exercices variés, s'attaque à la « carapace » musculaire des sujets pour libérer leur énergie. Déjà, dans la bioénergie, le patient est invité à accomplir des gestes violents en hurlant. Le psychologue A. Janov, inventeur de la « thérapeutique primale », considère que la névrose est une défense contre des douleurs primales (fondamentales) vécues pendant l'enfance. Revivre ces moments est souvent une expérience très éprouvante (d'où le « cri primal »), mais aurait une valeur curative, car le refoulement de cette peur serait à l'origine du comportement névrotique.

La « thérapeutique gestaltiste » (F. Perls) met essentiellement l'accent sur ce qui se passe « ici et maintenant » et sur sa prise de conscience. Mais cette prise de conscience (de matériaux inconscients, de souvenirs refoulés) doit se passer sur les plans affectifs et sensorimoteurs. C'est dans la mesure où la thérapeutique gestaltiste vise à faire acquérir une nouvelle conscience de son corps au sujet, et à prendre conscience à travers l'expérience de celui-ci, qu'elle peut être classée parmi les thérapeutiques corporelles. Elle comporte autrement de nombreux aspects psychologiques.

Il aurait été justifié de classer dans les thérapies de groupe (le terme l'indique) « les groupes de rencontre » — en notant que l'on se trouve surtout là en face de ce que nous avons appelé une psychothérapie non thérapeutique. Les groupes de rencontre se sont développés dans des perspectives variées et en faisant appel à des expériences très diverses, cependant ils ont été très fortement influencés par les thérapies corporelles, et c'est pourquoi nous les évoquons à cette place. Le mouvement de rencontre se révèle autant d'autre part une façon de vivre (une sorte de contre-culture) qu'une psychothérapie, et nous ne pouvons entreprendre de le vraiment présenter ici.

Les méthodes de relaxation (Schultz, Kretschmer, Jacobson) sont d'une inspiration différente que celle des thérapeutiques que nous venons de présenter. Le terme de relaxation désigne un état de relâchement musculaire, de détente physique et mentale qui devrait permettre aux processus de régulation de rétablir d'eux-mêmes (autogène) les harmonies fonctionnelles. Le « training autogène » de Schultz comporte des exercices de concentration musculaire, de concentration vasomotrice, des exercices visant à l'intégration du rythme cardiaque, du rythme respiratoire et de la régulation végétative abdominale. A la suite de ces exercices il devient possible d'attaquer les symptômes par approfondissement de l'exercice en rapport avec un organe, et par des formulations verbales de type hypnotique (il s'agit d'une autohypnose) (1).

4. **L'approche psychosomatique.** — Si l'on peut discuter de l'appartenance réelle des « psychothérapies par le corps » à la psychothérapie, par contre l'approche (ou médecine) psychosomatique est bien — pour ce qui ici nous intéresse — de type psychothérapeutique. Au sens large le terme de psychosomatique implique que le biologique et le psychologique sont complémentaires et doivent être considérés ensemble. Dans un sens plus restreint, mais très fréquent, les troubles psychosomatiques désignent des troubles somatiques dont on considère qu'ils ont une origine affective, passée et/ou présente. D'un point de vue thérapeutique (c'est ici le nôtre), l'approche psychosomatique correspond spécifiquement (encore qu'elle n'exclut pas un traitement organique) à un traitement psychologique de troubles somatiques.

Le développement récent de la médecine psychosomatique correspond, d'une part, à une évolution générale des idées qui a conduit à atténuer l'opposition dualiste entre le corps et l'esprit — déjà signalée à propos des psychothérapies par le corps —, d'autre part aux progrès de la psychothérapie et à la découverte de nombreux cas où des troubles somatiques étaient améliorés par un traitement psychanalytique (2). D'autre part, les difficultés que rencontre la pratique médicale actuelle, malgré les progrès qu'elle a réalisés, suggèrent de prendre en considération les phénomènes psychosomatiques. On a signalé qu'au-dessous de cinquante ans, aux Etats-Unis, un adulte sur deux meurt d'affection cardio-vasculo-rénale, que par exemple (dans de nombreux cas) la cause de l'hyper-

(1) Sur les thérapeutiques par le corps on consultera : Willy Pasini, Antonio Andreoli, *Eros et changement*, Payot, Paris, 1981 ; F. Perls, *Rêves et existence en gestalthérapie*, Epi, Paris, 1972 ; W. C. Schutz, *Joie, l'épanouissement des relations humaines*, Epi, Paris, 1974 ; J. H. Schultz, *Le training autogène*, P. U. F., 1958.

(2) Mais, nous l'avons vu, l'aspect psychologique de certaines guérisons miraculeuses ou de certains traitements avait été mis en évidence avant l'apparition de la médecine psychosomatique.

tension reste inconnue (Dunbar, *Psychosomatique Diagnosis*). Après avoir rappelé que l'enrichissement des connaissances médicales avait abouti à une diminution des maladies aiguës, Nacht indiquait : « Ces effets dus aux progrès de la science médicale ont cependant amené celle-ci à une crise sensible dans la pratique médicale puisque dans neuf dixièmes des cas le praticien n'a que faire de ce qu'il a appris à la faculté. » (Pratique et théorie psychanalytique, *Médecine psychosomatique*.)

D'un point de vue psychosomatique, on l'a vu, il faut distinguer entre les symptômes cliniques qui, au niveau du corps, *expriment* des troubles névrotiques (symptômes de conversion), et les troubles qui n'expriment pas par eux-mêmes des attitudes et habitudes psychologiques inconscientes, mais en sont les conséquences directes ou indirectes.

Au début de leur ouvrage : *Studies in psychosomatic medecine* (New York, 1948), Alexander et French ont exposé les postulats fondamentaux de la médecine psychosomatique :

— Les perturbations des fonctions végétatives sont à la fois les résultats de facteurs constitutionnels héréditaires et d'influences du milieu ;

— L'importance relative de ces deux groupes de facteurs varie d'un cas à l'autre à l'intérieur d'une même entité clinique ;

— L'effort pour isoler certaines maladies comme purement psychosomatiques est voué à l'échec. L'expression « psychosomatique » correspond essentiellement à une attitude méthodologique ;

— On ne peut mettre très précisément en correspondance certaines perturbations affectives avec les atteintes de certains organes. Par contre, il existe une relation entre certaines constellations émotives et l'évolution de certaines fonctions végétatives (1).

La médecine psychosomatique entend ne pas se contenter des examens classiques (histoire de la maladie, examen clinique, recherches de laboratoire), mais y ajouter l'étude de la personnalité du malade, puisqu'en effet elle veut rechercher les facteurs psychiques susceptibles d'être à l'origine (totale ou partielle) des troubles fonctionnels, mettre en évidence le rôle de ces facteurs dans l'orientation et l'évolution des affections

(1) Voir : F. Alexander, *La médecine psychosomatique : ses principes et ses applications*, Paris, 1962 ; P. Marty, M. de M'Uzan et C. David, *L'investigation psychosomatique*, Paris, 1963 ; T. von Uexküll, *La médecine psychosomatique*, Paris, 1966.

somatiques. Elle a poursuivi ses travaux dans les principaux domaines suivants : affections de l'appareil digestif, de l'appareil respiratoire, du système cardio-vasculaire, dermatoses.

Si l'on considère l'approche psychosomatique en général, elle peut disposer de plusieurs moyens d'action : psychothérapie, traitement neuropsychiatrique, traitement biologique en rapport avec la maladie somatique. Cependant, si l'on considère les thérapeutiques en elles-mêmes, comme nous l'avons vu, c'est parmi elles la psychothérapie (dans la mesure où elle vise à traiter des troubles qui se manifestent sous forme somatique) qui peut le plus être dite psychosomatique. Ceci ne préjuge pas en soi de la nature plus précise de cette psychothérapie, et n'importe laquelle des psychothérapies que nous avons examinées est susceptible *a priori* de devenir une psychothérapie (à visée) psychosomatique. Il semble cependant que ce soit la psychanalyse (soit psychothérapie d'inspiration psychanalytique, soit psychanalyse classique) qui se trouve le plus fréquemment utilisée.

5. **Psychothérapie par la « double contrainte » (injonction paradoxale).** — On connaît le paradoxe classique, dont un exemple célèbre est celui de l'homme qui dit de lui-même : « je suis menteur ». On peut sortir de cette difficulté en notant que cette affirmation confond deux niveaux distincts de langage — un premier niveau qui est celui de la « langue-objet » (je suis fatigué, je suis triste...), et un second qui porte sur ce qui est dit dans la langue-objet (ce que je viens de dire est faux) : un méta-énoncé. On aboutit ainsi à un type de réflexivité qui aboutit à une affirmation dénuée de sens.

Mais le paradoxe peut pénétrer dans la vie courante, et donner lieu à des « paradoxes pragmatiques ». Par exemple : soyez spontané..., je veux que tu me domines..., ne sois donc pas si docile... On est alors en face d'une « injonction paradoxale », telle que si on lui obéit, on lui désobéit, et si on lui désobéit, on lui obéit — ce qui crée une situation de « double contrainte ». Même si logiquement le message est dénué de sens, il possède une réalité pragmatique : on ne peut pas ne pas y réagir, mais on ne peut pas y réagir de manière adéquate. La double contrainte aurait des effets psychogènes, et G. Bateson (et auteurs) ont émis en 1956 que le schizophrène « doit vivre dans un univers où la séquence des faits est telle que les modes de communication qui lui sont propres, et qui sortent de l'ordinaire, peuvent être considérés en un sens comme adéquats. »

Le problème thérapeutique est alors d'amener le malade à

sortir du cercle vicieux imposé par le double lien. On y parviendra (selon cette forme de psychothérapie) en créant une double contrainte thérapeutique, en opposant au paradoxe un « contre-paradoxe », et pour ce faire on prescrira le symptôme.

L'effet de changement obtenu en prescrivant le symptôme (dans la contrainte visant à le faire disparaître) s'expliquerait dans la mesure où une telle prescription équivaudrait au paradoxe « soyez spontané ». Si l'on demande — estime-t-on — à une personne d'adopter un comportement qui est le sien, jugé jusque-là comme spontané, il ne peut plus être spontané, parce que le fait de l'exiger rend sa spontanéité impossible. Ainsi le symptôme ne peut plus être vécu sur le mode où il l'était, il devient impossible sous sa modalité d'origine. Alors que le patient s'attend à ce que le thérapeute le fasse changer de comportement, celui-ci lui enjoint de le renforcer, créant ainsi un paradoxe : changer sans changer. S'il obéit, il ne peut plus dire « je ne peux pas m'en empêcher », il « agit » son symptôme, ce qui — d'après ce qui précède — le rend impossible. S'il refuse d'obéir à l'injonction, il ne peut y parvenir qu'en ne se comportant pas de façon symptomatique, but que poursuit le thérapeute (1). D'autre part, le psychothérapeute bâtit la situation de manière à empêcher le patient de se retirer du jeu ou de dissiper le paradoxe en le critiquant. L'expérience montrerait, d'une part, que les choses se passent bien ainsi, d'autre part, que l'on obtient bien en conséquence le changement visé.

6. **Les thérapies de famille.** — Il apparaît justifié de présenter les thérapies de famille immédiatement après la psychothérapie de l'injonction paradoxale dans la mesure où une proportion importante des psychothérapies de famille, à des degrés et selon des modalités variables, s'inspire de ses perspectives.

Cependant les thérapies de famille du type « contre-paradoxe » ne se définissent pas par cette seule caractéristique. Elles ont aussi généralement en commun de se référer à la théorie des systèmes (2). De ce point de vue on insiste sur

(1) Nous avons suivi dans cette explication : P. Watzlawick, J. H. Beavin, Don D. Jackson, *Une logique de la communication*, Ed. du Seuil, 1979, p. 244-246. Voir aussi sur les psychothérapies de la double contrainte (injonction paradoxale) : P. Watzlawick, *Le langage du changement*, Seuil, 1980.

(2) Nous ne pouvons entreprendre ici de présenter la théorie des systèmes. Consulter par exemple : J.-L. Le Moigne, *La théorie du système général*, P. U. F., 1977 ; voir aussi l'ouvrage introductif : L. von Bertalanfy, *Théorie générale des systèmes*, Dunod éd.

l'idée que la famille n'est pas la somme de ses membres et de leurs relations, qu'elle doit être considérée comme une totalité ayant en tant que telle des propriétés propres. Ce « système » est décomposable en sous-systèmes, les sous-systèmes intervenant dans le processus de totalisation. Les interactions sont « circulaires », et c'est la structure de l'ensemble des circularités interactives qui produit la totalisation, laquelle dirige le système. Aucune des personnes du groupe n'a en dernière analyse un rôle directionnel sur le système ; c'est par exemple la famille en totalité qui réagit à ce qui survient à l'un de ses membres. L'existence de phénomènes d'interdépendance est à l'origine d'effets en retour (feed-back), lesquels peuvent être à l'origine de régulations (phénomène d'homéostasie). Cependant la stabilité de la famille n'est pas simplement assurée par des phénomènes de régulation, mais aussi par des règles de fonctionnement qui ont été élaborées au cours de son développement.

Du point de vue thérapeutique on s'est attaché à montrer que si l'on voulait parvenir à une intervention paradoxale, on devait « connoter positivement » tous les comportements observés dans le groupe. En effet, d'une part, comment prescrire le symptôme si celui-ci a été auparavant critiqué, d'autre part comment accéder au système dans sa totalité si l'on scinde celui-ci en ce qui est « bon » et ce qui ne l'est pas ? Si d'autre part on connotait le système d'une façon généralement négative, on condamnerait la tendance homéostatique du système et l'on se priverait de la possibilité d'être accueilli dans celui-ci. Enfin on retiendra que le thérapeute ne doit pas entrer dans des attitudes qui se complémentariseraient avec celles des patients et qu'il ne donne pas d'interprétation à la famille (1).

Il existe d'autres orientations en thérapie de famille que celle de l'injonction paradoxale, principalement : une orientation à caractère psychanalytique, une orientation « structurale », une orientation existentielle.

C'est dans une perspective psychanalytique, complétée par une perspective sociologique influencée par les théories de T. Parson, que T. Litz a étudié dix-sept familles de schizophrènes. L. Wynne a proposé également une interprétation psychodynamique, faisant référence à la famille, de la schizophrénie. En France, divers auteurs se sont attachés à montrer que la cure analytique pouvait fournir un protocole applicable

(1) M. S. Palazzoli, L. Boscolo, G. Cecchin, G. Prata, *Paradoxe et contre-paradoxe*, E. S. F. éd., 1979.

à l'analyse du groupe familial réuni. Le levier thérapeutique est alors le transfert du groupe familial et son élucidation.

L'orientation qui veut essentiellement s'appuyer sur une connaissance de la structure de la famille (Salvador Minuchin) ne doit pas être séparée du souci d'élaborer une stratégie d'intervention active sur celle-ci (approche stratégique, J. Haley). Dans les deux cas la représentation de la famille est systémique. Du premier de ces points de vue on pense que des changements dans une structure familiale contribuent à des changements dans le comportement et les processus psychiques internes des membres de ce système. Dès lors le thérapeute va s'allier à la famille afin d'amener (« il mène parce qu'il suit ») les membres de la famille à jouer ici et maintenant les alternatives dont ils sont capables.

L'approche existentielle se caractérise d'une façon très générale, d'une part par la valeur qu'elle accorde à ce qui est vécu, d'autre part par la prédominance donnée au mouvement par rapport à la stagnation. Mais ces thèses très générales n'interdisent pas aux thérapeutes de tendance existentielle des modes de compréhension systémique, ni qu'ils aient cherché à donner à leur conception une forme plus élaborée. C'est dans ce dernier sens que Boszormenyi-Nagy a voulu montrer que c'est un système de « loyautés invisibles » qui donnait à la fois à la famille son unité, ses conflits et contradictions, sa continuité et sa dynamique de changement.

Notons pour terminer que la thérapie de famille tend à explorer les phénomènes inter-générationnels en suivant les rapports entre les générations (par exemple la manière dont les loyautés invisibles jouent de génération à génération) (1).

7. **Les thérapies du couple.** — Il en est de même ici qu'en ce qui concerne par exemple les thérapies de groupe ou, dans une certaine mesure, les thérapies de famille. L'expression désigne l' « objet médiateur » (le groupe, la famille, ici le couple) sur lequel portent les actions thérapeutiques mais ne dit rien quant aux méthodes utilisées à ce propos. D'autre part, l'un ou les deux conjoints peuvent suivre telle ou telle psycho-

(1) T. Lidz, S. Fleck, A. G. Cornelison, *Schizophrenia and the family*, Int. Univ. Press, éd., New York, 1965 ; A. Ruffiot, A. Eiguer et D. Litovsky de Eiguer, M. C. Gear et E. C. Liendo, J. Perrot, *La thérapie familiale psychanalytique*, Dunod éd., 1981 ; J. Haley, *Nouvelles stratégies en thérapie familiale*, Delarge éd., 1980 ; S. Minuchin, *Familles en thérapie*, Delarge éd., 1979 ; Y. Boszormenyi-Nagy et G. Spark, *Invisible loyalties*, Harper and Row éd., London, 1973.

thérapie individuelle, participer à des thérapies de groupe ou être inclus dans une forme de thérapie de famille.

La thérapie de couple proprement dite est celle où les actes thérapeutiques directs portent sur le couple et exclusivement sur lui et prennent le plus souvent la forme de l'entretien conjoint.

Elle s'est développée en continuité avec le conseil conjugal, ce que l'on comprendra mieux si l'on note que le terme retenu (conseil conjugal) n'est pas satisfaisant, dans la mesure où il ne s'agit pas en ce cas de conseil au sens habituel, mais où le terme doit être retenu dans le sens spécial de « non directif ». En France au moins, dans ses formes brèves, le conseil conjugal se révèle proche des méthodes (rogériennes) non directives — tout en se centrant sur les relations des partenaires ; dans ses formes larges, il peut évoluer plus ou moins vers des formes de psychothérapie d'inspiration psychanalytique.

Celles-ci posent des problèmes particuliers qui ne peuvent être examinés ici : à quel niveau de profondeur peut être conduite l'analyse, comment se déroulent les transferts, comment proposer des interprétations qui soient accessibles aux deux sujets, comment se situe le rôle du thérapeute relativement à chaque partenaire, comment se situer aussi bien dans une perspective de psychothérapie individuelle et celle d'une psychothérapie de groupe... (1) ?

8. **L'analyse transactionnelle.** — L'analyse transactionnelle est parfois proposée comme devant avoir des résultats dans la schizophrénie, l'alcoolisme et les conduites délinquantes. Mais c'est comme psychothérapie sans thérapie, à propos des problèmes du mariage et de la famille, dans des sessions de relations humaines qu'elle semble s'être le plus développée. Si les analystes transactionnels n'écartent pas totalement la psychothérapie individuelle, l'analyse transactionnelle se pratique principalement en groupe. Il nous paraît cependant difficile de la considérer comme une thérapie de groupe dans la mesure où ce qu'elle étudie essentiellement ce sont des transactions entre les personnes à l'intérieur d'un groupe.

Les perspectives apportées par l'analyse transactionnelle, qu'elle utilise de façon constante dans sa pratique, correspondent à : l'analyse structurale, l'analyse transactionnelle, l'étude des jeux et scénarios.

Le fondement de l'analyse structurale consiste dans la

(1) Jean-Cl. Lemaire, *Les thérapies du couple*, Paris, Payot éd.

distinction (E. Berne) entre trois états du moi : le parent, l'adulte et l'enfant. L'état du moi enfant resterait intact depuis l'enfance, lorsque cet état domine la personne, ressent et agit comme un enfant. Le parent correspond à une copie du père ou de la mère véritables (ou de ceux qui en ont tenu le rôle), lorsque l'état parent domine on observe des schémas de conduite « corrects » ou « convenables ». L'adulte se développe petit à petit, il se caractérise par sa capacité de prendre des décisions raisonnables en rapport efficace avec la réalité. Les rapports entre les états jouent un rôle important : il y a exclusion lorsqu'un état du moi joue un rôle si dominant qu'il « exclut » les autres états, la contamination correspond à une intrusion d'un état du moi dans un autre. Certains préjugés bien ancrés, que le patient estime des points de vue for pertinents, traduisent ainsi une contamination de l'adulte par le parent. Pour les besoins de la thérapeutique la décontamination doit être rapide et permanente.

La transaction est l'unité élémentaire des échanges sociaux. Elle comporte un stimulus transactionnel de la part de X et une réponse transactionnelle de Y. Une transaction simple ne fait donc appel qu'à deux états du moi (un chez chacun des partenaires). La transaction est dite complémentaire (ou parallèle) lorsque les deux états qui correspondent au stimulus (par exemple, adulte X → enfant Y) sont les mêmes que ceux qui correspondent à la réponse (ce qui donne, dans l'exemple donné (adulte X ← enfant Y). La transaction est croisée si les couples d'états qui définissent le stimulus transactionnel et la réponse transactionnelle ne sont pas les mêmes. Par exemple, stimulus Adulte X → Adulte Y, et réponse Enfant X ← Parent Y, définissent une transaction croisée. Les transactions croisées correspondent à une communication conflictuelle et discordante.

Les transactions peuvent être complexes et voilées, dans un tel cas se réalise en même temps une transaction sur le plan social (par exemple adulte, adulte) et une transaction sur le plan psychologique (par exemple, parent, enfant). Les jeux, dont l'analyse transactionnelle a fourni de multiples exemples types, sont fondés sur les transactions voilées. Ils sont constitués par une suite de transactions voilées ayant un sens psychologique précis. Les jeux seraient des segments d'ensembles de transactions plus larges et plus complexes : les scénarios. Le scénario serait pour le sujet une adaptation de réactions et d'expériences infantiles qui organiserait (pour des périodes plus ou moins longues) une sorte de projet de vie préconscient.

L'analyse transactionnelle a pour but d'aider les gens à se débarrasser du besoin des jeux pour les remplacer par les satisfactions plus grandes que donne l'intimité. En ce qui concerne les scénarios, l'action thérapeutique devient utile ou nécessaire lorsqu'ils conduisent à des échecs ou à la destruction. Il s'agit alors d'une des opérations les plus longues et les plus difficiles de l'analyse transactionnelle (1).

9. **La narco-analyse.** — Il convient de distinguer entre la narco-analyse et le narco-diagnostic. Le narco-diagnostic est « une investigation pharmaco-dynamique en vue d'un diagnostic » (Pr Heuyer). La légitimité de l'emploi du narco-diagnostic en médecine légale constitue une question controversée.

La narco-analyse utilise un état proche du sommeil, réalisé artificiellement (barbiturates d'élimination rapide, éventuellement combinaison du choc amphétaminique et de la subnarcose barbiturique), dans lequel le sujet garde encore la possibilité de communiquer avec le milieu extérieur. On peut dans une certaine mesure rapprocher la narco-analyse de l'hypno-analyse.

Le moment véritablement psychothérapeutique de la narco-analyse serait la « narco-synthèse ». Elle « consiste dans la prise de conscience de l'événement ou de la situation traumatisante avec abréaction émotive et dans l'aperception de la relation entre les comportements morbides et leur motivation psychologique ». On se trouverait en somme en face d'une psychanalyse accélérée (levée relative de la censure par la subnarcose), simplifiée et schématisée. A noter que la narco-analyse interdit une attitude véritablement neutre de la part du thérapeute (celui-ci endort par une piqûre). Le transfert positif facilite grandement la narco-analyse.

L'utilisation de la subnarcose (narcose liminaire) n'est pas indicative de la psychothérapie (laquelle constitue l'agent thérapeutique actif) qui peut être utilisée. Mais le plus généralement il s'agit de psychothérapie d'inspiration psychanalytique.

Nous ne prétendons naturellement pas avoir couvert dans ce qui précède l'ensemble des psychothérapies qui se pratiquent et à propos desquelles on est en mesure de trouver des publications diverses.

(1) Eric BERNE, *Analyse transactionnelle et psychothérapie*, Payot éd., 1971, et, du même auteur, *Des jeux et des hommes*, Stock éd., 1975.

A titre indicatif, donnons une liste (non exhaustive) des titres sous lesquels on peut trouver différentes formes de « nouvelles thérapies » : bioénergie, biodynamique, thérapie par le cri, gestalt-thérapie, hypnothérapie, méthode Gordon, groupes de rencontre, illumination intensive, musicothérapie, thérapie primale, psychosynthèse, psychologie analytique (Jung), *rebirthing* (renaissance), relaxation, sexothérapie, sophrologie, soutien mutuel, méditation, zen, taï-chi-chuan, yoga, végétothérapie (1).

Nous n'avons pas reproduit dans cette liste certaines des psychothérapies présentées dans ce qui précède immédiatement. Par contre, on y retrouvera des formes de thérapie déjà examinées à propos des thérapeutiques par le corps : bioénergie, végétothérapie, thérapie primale, gestalt-thérapie, relaxation.

On peut, d'autre part, se demander pourquoi nous n'avons pas retenu dans les présentations qui précèdent certaines formes de thérapie, assez répandues et souvent considérées comme « sérieuses ». Ce serait en particulier le cas de la sophrologie.

Nous avons conservé dans cette liste des « nouvelles thérapies » les méthodes qui font appel au corps, dans la mesure où elles font bien partie d'un certain « foisonnement », caractéristique de la récente période, qui trouve son origine principale aux Etats-Unis. Comme on l'a déjà vu, elles visent à associer le corporel et l'affectif.

Le terme de foisonnement ne vient pas d'être utilisé de façon gratuite. En effet, dès lors que l'on prendrait en considération tout ce qui se fait et se présente à quelque titre comme psychothérapie, il ne s'agirait plus de « diversification », mais d'une multiplication avec des aspects plus ou moins anarchiques. Le foisonnement initial se poursuit et se développe du fait que certains des « nouveaux psychothérapeutes »,

(1) Quant à ce que désignent ces différents termes, consulter par exemple : E. Marc, *Le guide pratique des nouvelles thérapies*, Paris, Retz éd., 1981.

dans leur formation et leur parcours, sont passés par des expériences nombreuses et variées, dont ils retiennent à chaque fois les aspects qui leur conviennent pour les combiner selon ce qui deviendra leur méthode propre. Un tel foisonnement est ressenti par certains comme une richesse, mais pour d'autres il comporte surtout des aspects fort inquiétants. Il devrait en tout cas être mis en rapport avec des évolutions sociales et culturelles.

La sophrologie a été fondée dans les années soixante par A. Caycedo, professeur à la Faculté de Médecine de Barcelone. Celui-ci visait à faire une synthèse de l'hypnose, de la relaxation et de la méditation (sophrologie, étymologiquement : recherche de l'harmonie de la conscience). Nous ne l'avons pas présentée, car on ne sait s'il faut la considérer dans ses pratiques propres (fondées sur des formes de relaxation) ou dans certaines de ses ambitions qui visent à intégrer ce qui serait positif dans le destin humain en une sorte de philosophie très générale.

Remarques finales

Ayant présenté ce qui nous semble l'essentiel des méthodes actuelles de la psychothérapie, il convient de nous interroger sur la composition de ce petit livre et sur ses limites.

Quant à sa composition, on a vu que nous avons pris pour parti d'y présenter la psychanalyse. Il est en effet immédiat que si la psychanalyse n'est pas qu'une psychothérapie, elle comporte bien une psychothérapie — dans le sens où ce terme a été défini. Cependant, il est souvent d'usage, chez les psychanalystes en particulier, de distinguer la psychanalyse de la psychothérapie. C'est là souligner l'importance de la psychanalyse et sa spécificité.

Nous n'avons pas cru devoir nous soumettre à cette habitude, non seulement parce que la psychanalyse comporte bien une psychothérapie au sens propre du terme, mais aussi parce que l'évolution globale des autres méthodes ne nous semblait pas pouvoir être comprise sans référence à ce qu'est la psychanalyse. Et ceci, soit parce qu'elles la prolongent, soit parce qu'elles en ont subi quelque influence, soit parce que (de quelque manière) elles s'y opposent.

Parmi les prolongations nous noterons l'existence des psychothérapies d'inspiration psychanalytique, le développement de la thérapeutique institutionnelle d'orientation analytique, de la psychothérapie analytique de groupe, de la narco-analyse, de l'approche psychosomatique quand elle utilise la psychanalyse (c'est le plus souvent). L'analyse transactionnelle, qui ne peut être estimée une prolongation de la psychanalyse (certains y verraient plutôt une vulgarisation et une déviation), a été largement influencée par celle-ci. Parmi les thérapies qui se sont explicitement opposées à la psychanalyse, citons la psychothérapie non directive (elle estimait la psychanalyse trop directive — mais ce n'est pas la seule opposition), ou encore la thérapie de l'injonction paradoxale (elle, au contraire, fort directive, voire manipulatrice). A noter que la thérapie de la double contrainte exclut l'interprétation et la prise de conscience.

Compte tenu des limites où nous étions quant au volume de l'ouvrage, la présence de la psychanalyse n'allait pas sans inconvénient, à savoir l'extrême brièveté du chapitre qui lui est consacré en face de la richesse et la complexité du sujet, des multiples développements, travaux et ouvrages qui lui correspondent. Nous avons dû ainsi nécessairement passer sous silence l'existence d'orientations différentes à l'intérieur de la psychanalyse, et nous nous en sommes tenu, non seulement à une brève présentation, mais aussi à une présentation que nous estimons « orthodoxe ». Le lecteur non prévenu doit cependant être averti ici qu'un psychanalyste d'orientation « lacanienne » ne serait sans doute pas d'accord sur certains aspects de cette « orthodoxie » (1).

Nous avions annoncé, au début de cet ouvrage, notre intention d'objectivité. Constatant la diversité des psychothérapies, qu'à l'intérieur même de la psychanalyse des écoles différentes se sont manifestées, le lecteur prendra conscience que les résultats d'une telle visée peuvent toujours être discutés de certains points de vue.

Cette visée d'objectivité constitue donc une entreprise périlleuse. Elle ne nous semble cependant pas vraiment incertaine. Pour nous guider nous avons tout d'abord pris en compte un critère sociologique : l'audience effective des différentes méthodes, le degré auquel elles sont répandues et pratiquées. Un tel critère n'est cependant pas suffisant, et l'on sait que des pratiques aux résultats illusoires peuvent avoir (au moins un temps) un grand succès. Nous avons donc aussi fait intervenir le sérieux et la cohérence des arguments qui sont développés pour présenter les pratiques.

(1) Pour une introduction aux perspectives de ce courant, voir : J.-M. PALMIER, *Lacan*, Editions Universitaires. Le texte fondamental doit être : J. LACAN, *Ecrits*, Paris, Seuil, 1966.

Nous nous sommes attaché à en mettre l'aspect idéologique en évidence (aspect commun à tout le courant « structuralo-langagier ») dans : Guy PALMADE, *Interdisciplinarité et Idéologies*, Anthropos éd.

Ceci ne veut pas dire qu'à constater l'absence de telle ou telle expérience on doive conclure que nous lui refusons nécessairement l'intelligibilité et le sérieux. Il faut ici tenir compte de la difficulté des choix due au manque de place. Ceci nous a conduit à ne retenir que des méthodes très « typées », et sans doute à écarter des expériences de grande valeur et de grande efficacité. C'est par exemple pour cette raison que nous n'avons pas fait figurer dans cet ouvrage l'Ecole orthogénique Sonia-Sankman (Bruno Bettelheim), car si celle-ci peut être considérée comme exemplaire à beaucoup d'égards, si elle a plus que préfiguré bien des aspects de la psychothérapie institutionnelle, elle n'en a pas systématisé (et schématisé) les caractères de manière à pouvoir fournir au lecteur un « repère typé » (1).

Si des expériences de grand intérêt peuvent être absentes de ce livre, à l'inverse on ne saurait conclure de la présence de telle ou telle méthode, que nous l'estimions à titre personnel entièrement fondée sur le plan théorique et/ou de grande efficacité pratique. Nous nous sommes en effet contenté des critères d'audience et d'intelligibilité générales, et nous n'avons pas écarté telle ou telle méthode qui, quant à nous, nous semblait cependant de nature à entraîner bien des réserves. C'est ainsi par exemple que les thérapies de la modification du comportement, par leur aspect analytique, nous semblent oublier l'aspect global de la personnalité humaine ; ou encore que les raisons exposées pour expliquer (et justifier)l'efficacité de l'injonction paradoxale nous semblent loin d'être convaincantes — et que cependant nous avons présenté ces deux thérapies. Nous ne pouvions en effet leur refuser ni une certaine audience ni une certaine intelligibilité.

Certains lecteurs regretteront peut-être de ne pas trouver une analyse critique (où nous aurions pu développer notre propre point de vue) de chacune des psychothérapies présentées. Mais nous devions choisir : ou ne retenir que quelques psychothérapies (ce qui se révélait arbitraire eu égard à la richesse de la matière) et en faire l'examen critique, ou présenter toutes les thérapies qui nous semblaient d'importance comparable (en fonction des critères

(1) De B. Bettelheim consulter : *La forteresse vide* (Gallimard éd.), *Un lieu où renaître* (Laffont éd.).

choisis) sans entreprendre de les discuter de façon attentive. La seconde option nous a semblé mieux répondre aux objectifs de l'ouvrage.

I. — Indications des différentes psychothérapies

Après avoir présenté les « psychothérapies sans fondement systématisé » (ch. II) nous indiquions que le problème posé par les indications spécifiques de chacune de ces psychothérapies n'avait pas reçu de solution d'ensemble, et qu'il appartenait à chaque thérapeute de trouver en grande partie à partir de son intuition et de son expérience clinique des solutions d'espèce pour les différents cas.

Sans doute la psychanalyse nous apporte une connaissance beaucoup plus organisée des maladies mentales et particulièrement des névroses et des perturbations du caractère — comme aussi du mode d'action psychothérapeutique lui-même. Permet-elle cependant de traiter toutes les affections psychiques ? Certainement pas. Pendant longtemps on a considéré, et l'on considère en partie encore, que les psychoses, ou la plus grande partie des psychoses ne sont pas du ressort de la psychanalyse classique.

Afin de traiter les enfants, ou pour entreprendre une action dans les cas de schizophrénie, certains psychanalystes se sont orientés vers des méthodes d'efficacité symbolique. Dans de tels cas, l'indication différentielle est donc possible. Il n'en serait plus de même en ce qui concerne les thérapeutiques jungienne ou adlérienne, ou encore en ce qui concerne le rêve éveillé dirigé. Il s'agit en effet dans ces différents cas de psychothérapies fondées sur des conceptions générales, dont les indications sont considérées comme multiples, et qui ne sauraient être présentées comme des spécifications de la psychanalyse ayant des indications thérapeutiques spéciales. Ajoutons cependant, en ce qui concerne le rêve éveillé, qu'il a été employé par des psychanalystes dans une perspective psychanalytique. Il semble alors surtout utilisé pour le traitement des adolescents (1).

On a présenté les thérapies de groupe comme des techniques qui permettaient de gagner du temps en traitant simultanément plusieurs patients. Mais s'agit-il seulement de thérapeutiques complémentaires ? Beaucoup plus que des modes de traitement économiques, elles se veulent des thérapies originales utilisant la dynamique des groupes. Quelles seraient cependant leurs indications spécifiques ? Faudrait-il les considérer plutôt comme des modes d'action ayant toutes les indications de la psychanalyse et plus puissants que celle-ci, ou au contraire moins puissants ? L'accord nous semble loin d'être fait sur les réponses à donner à ces questions.

En ce qui concerne les nombreuses psychothérapies que nous avons présentées dans le chapitre « Diversification », il est difficile de se faire une idée de leur efficacité différentielle, voire même de leur efficacité. Parfois les auteurs citent des réussites éclatantes, mais d'une façon décousue, et qui justement peuvent paraître trop « éclatantes ». D'autres fois ce sont les principes qui sont essentiellement exposés, et ils sont simplement accompagnés d'illustrations fragmentaires. Dans les cas mêmes où l'on nous présente quelques exemples détaillés de cure, ceci nous permet de nous faire une idée des pro-

(1) Sur le rêve éveillé utilisé dans une perspective psychanalytique, voir : *L'Angoisse*, J. Boutonier, p. 182 et suiv.

cessus en œuvre dans le type de psychothérapie considéré, mais n'apporte pas de données décisives quant à son efficacité. Il faut ajouter que les psychothérapeutes ont été formés bien souvent au seul type de psychothérapie qu'ils pratiquent et que — en dehors même de comparaisons systématiques — les occasions effectives d'expériences comparatives vécues ne sont pas très fréquentes.

Nous avons vu que la narco-analyse agissait comme une psychanalyse accélérée, et était indiquée dans les cas où, le conflit étant superficiel, une véritable psychanalyse paraissait inutile. En ce qui concerne certaines formes de psychothérapie non systématisée (suggestion, thérapie de direction, de compréhension), elles paraissent utilisables dans des cas identiques, ou encore lorsqu'une psychanalyse étant impossible pour une raison ou l'autre, on veut cependant agir. Souvent elles seront utilisées pour compléter un traitement biologique (psychothérapie complémentaire).

D'une façon générale il paraît plus aisé de prendre une décision dans des cas d'espèce, après étude détaillée, que de donner des règles toujours pertinentes.

II. — Contrôle de l'efficacité des méthodes psychothérapeutiques

La valeur d'une thérapeutique peut-elle être entièrement établie à partir de l'étude très détaillée de quelques cas ? La plus grande partie des psychothérapeutes semblent avoir implicitement répondu à cette question d'une façon positive. Le manque d'esprit scientifique rigoureux que l'on observe chez un certain nombre de médecins explique en partie une telle attitude. Ce manque d'exigence scientifique se comprend du reste dans une certaine mesure lorsqu'on pense à l'aspect primordial des impératifs pratiques de toute thérapeutique. Il n'en reste pas moins que l'absence de toute technique précise de « la preuve » — est pour le moins déconcertante.

Un ouvrage aussi sérieux et important que *The Psychoanalytic theorie of neurosis*, d'Otto Fenichel, ne consacrait qu'une demi-page (sur six cents) aux « statistiques sur les résultats des psychanalyses » — pour nc donner finalement dans ce texte aucun résultat bien précis.

Pendant longtemps, et d'une façon générale, il n'a existé aucun travail véritablement précis sur l'efficacité des psychothérapies. Poui aussi détaillées qu'elles soient, les descriptions de traitements efficaces ne sont pas absolument démonstratives — elles ne disent rien sur les cas d'échec. Combien même on publie des échecs, ces problèmes ne sont pas résolus pour cela. Ce qui importerait en effet, ce sont les variations des proportions entre échecs et succès, dans des conditions comparables, et, de plus, effectivement comparées avec précision.

L'absence de statistiques précises ne doit cependant pas conduire à repousser toute méthode de psychothérapie — une telle attitude n'est qu'un abandon inconséquent. Il y a dans l'expérience clinique comme dans la valeur explicative des théories qui la guide, et la cohérence logique interne de ces dernières, des éléments capables d'entraîner une première conviction : nous espérons l'avoir montré dans cet ouvrage. En conclusion ; il faut donc souligner qu'il ne convient pas de prendre devant les méthodes psychothérapeutiques une attitude négative de rejet, mais de réclamer des travaux positifs de contrôle et de recherche.

Ces travaux, il faut le dire, présentent de multiples difficultés. Par exemple, la valeur de deux traitements ne peut être statistiquement comparée que sur des populations assez importantes. Ces populations doivent d'autre part être suffisamment semblables, de façon à ce que l'on soit certain que les différences dans les résultats viennent bien de différences dans les techniques, et non de différences dans les échantillonnages. Enfin, il faudra rendre comparables les résultats — ce qui introduit tout le problème de la mesure dans une psychologie dynamique. Nous ne pouvons insister sur ces difficultés, mais on doit se rendre compte que l'on se trouve placé devant des problèmes très complexes.

Des efforts ont été entrepris dans le sens que nous venons d'indiquer. C'est ainsi que Landis a analysé les résultats obtenus dans quatre hôpitaux et dans un institut psychanalytique. Il rapporte 58 à 87 % de guérisons ou d'améliorations (A statistical evaluation of psychotherapeutic methods, in L. E. Hinsie, *Concepts and problems of psychotherapy*, N. Y., Columbia Univ. Press, 1937). L'Institut de Psychanalyse de Chicago (Alexander) obtient environ 70 % de guérisons. Wilder trouve 40 à 60 % de guérisons et d'améliorations dans trois instituts psychanalytiques et un grand nombre de cliniques.

D'autres recherches ont été réalisées : étude des procédés employés par enregistrement phonographique, comparaison par la même méthode des différentes techniques, contrôle de la valeur des thérapeutes.

Signalons pour terminer l'important travail de Miller, qui se présente comme une étude corrélationnelle et factorielle de l'effet des différentes techniques et de différents thérapeutes (exposé au Ier Congrès international de Psychiatrie, Paris, 1950, non publié).

D'une façon générale, il peut être intéressant de constater que ces études aboutissent à faire ressortir l'importance du thérapeute par rapport à celle des techniques.

III. — Psychothérapie et psychologie

Il y a un passage continu de la psychothérapie, telle que nous venons de la décrire, à la psychologie appliquée à des cas qui restent normaux. En effet, bien souvent, on se trouve placé en face de sujets qui ont à peine besoin d'une psychothérapie, et auxquels il convient surtout de donner des conseils psychologiques en leur faisant prendre pleine conscience de ce que sont leurs problèmes.

Nous avons d'autre part souligné combien s'étaient développées dans la période qui vient de s'écouler les « psychothérapies sans thérapeutique ». Il s'agit dans ce cas de rechercher des façons de vivre que l'on veut plus authentiques, des rapports avec les autres et soi-même qui engagent plus entièrement, de parvenir à mieux résoudre les problèmes rencontrés dans l'existence. A l'extrémité, pour les participants, il s'agira aussi de transformer les manières de vivre (estimées peu satisfaisantes, perverties) de notre époque, de découvrir une nouvelle culture.

De plus, la psychanalyse en général est une science psychologique (aux caractères particuliers) qui doit pouvoir être utilisée, par exemple, aussi bien dans le domaine de l'éducation que dans celui de la psychothérapie.

L'orientation professionnelle, ou si l'on préfère l'orientation personnelle (Le Senne), qui vise à rechercher les conditions les plus favorables au développement harmonieux de notre personnalité, doit être effectuée à partir d'une science caractérologique et psychologique différente des formes de la psychologie que nous avons vu intervenir dans la psychothérapie. Il n'en reste pas moins qu'une orientation réussie peut contribuer de façon décisive au bon équilibre et à l'épanouissement d'un sujet.

Il est évident, au moins dans l'état actuel des choses, qu'on ne peut envisager de réaliser la psychothérapie de tous les sujets qui éprouvent des conflits intérieurs perturbants au cours de leur existence. Par contre, on peut vouloir les placer dans les conditions qui correspondent le mieux à leur caractère. De même, afin d'éviter d'avoir à effectuer des psychothérapies sur les adultes, une bonne méthode consisterait à agir d'une manière appropriée sur la formation des enfants.

Tous ces problèmes ont leur unité et ils définissent en fait la psychologie appliquée dans son ensemble. Qu'il s'agisse, d'une façon plus générale, de psychologie industrielle et commerciale, de psychologie du travail ou du commandement, de psychotechnique, de caractérologie appliquée, de psychopédagogie ou de psychothérapie, il s'agit toujours de psychologie. Celle-ci est la science des relations entre les hommes et des hommes avec eux-mêmes et elle est présente partout où l'on étudie ou utilise ces relations. La psychothérapie est très clairement une psychologie appliquée, ce qui n'est nullement exclusif du fait que la psychologie comme science s'est constituée et se constitue en partie à partir des techniques psychologiques.

Si l'on insiste sur la recherche de meilleures relations humaines, sur l'effort pour découvrir d'autres façons de vivre, dans la mesure où les pratiques en cause se développent et se répandent, on quitte non seulement la psychothérapie, mais aussi la psychologie, pour entrer dans l'univers du social et du culturel. Ce sont alors des problèmes socio-culturels, l'éventuelle crise de la modernité, auxquels on doit se référer. Si nous avons fait référence à la sociothérapie — traitement des sujets par certaines formes de collectivité — on peut aussi se demander si les hommes qui se sentent « pris » dans certaines formes de culture ne peuvent pas entreprendre d'échapper à cette culture, ou de la traiter.

IV. — La formation et le choix des psychothérapeutes

Une première question que l'on peut se poser concernant la formation et le choix des psychothérapeutes est la suivante : ceux-ci doivent-ils nécessairement être médecins, ou cette qualité n'a-t-elle qu'une importance relativement secondaire.

En ce qui concerne la psychanalyse, Freud a été extrêmement net : il ne lui apparaît nullement nécessaire d'être médecin pour être psychanalyste. Par contre, certains médecins n'admettent pas, ou admettent difficilement que des psychothérapeutes ne soient pas médecins.

En fait, en tant que ce qu'elle est, la psychothérapie est, nous l'avons vu, une technique psychologique, elle demande donc des connaissances, des compétences et des qualités psychologiques, qui n'appartiennent pas nécessairement aux médecins. Tout au plus peut-on prétendre que la pratique médicale développe un certain sens psychologique, encore que l'attitude médicale soit loin d'être toujours psychologiquement comparable à l'attitude psychothérapeutique. La formation médicale étant ce qu'elle est, c'est-à-dire essentiellement biologique, ne prépare pas particulièrement aux thérapeutiques psychologiques.

Mais nous avons vu qu'une action psychothérapeutique pouvait être indiquée dans des cas de maladies mentales ayant des causes organiques. Il est aussi vrai que souvent, à des symptômes presque identiques, peuvent correspondre, soit une étiologie et un traitement biologiques, soit une étiologie et un traitement psychologiques — et qu'il convient d'envisager les deux aspects de tels cas de façon à pouvoir établir exactement ce qu'est leur nature. D'une façon plus générale, il est certainement utile de prendre l'habitude d'étudier toutes les maladies comme des phénomènes affectant la personnalité totale, à la fois psychologique et physiologique. Si même à propos de maladies organiques, il est souhaitable de penser d'une façon psychosomatique, il ne serait pas mauvais non plus de penser biologiquement des faits psychologiques. On ne voit sans doute pas comment il serait possible dans l'état actuel des choses de les penser biologiquement dans leur détail, mais une telle attitude serait heureuse du point de vue de la recherche ultérieure.

En conclusion, il serait souhaitable que les psychothérapeutes non médecins aient, non seulement reçu une formation approfondie en sociologie, psychologie sociale, psychologie pathologique et psychopathologie ; mais encore qu'ils aient effectué des études théoriques et pratiques suffisantes dans le domaine médical et psychiatrique. Inversement, il serait souhaitable que les médecins, et particulièrement ceux qui auront l'occasion de se servir des méthodes psychologiques, reçoivent la formation nécessaire. Ces deux conditions étant réalisées, il n'en resterait pas moins que la pratique de la psychothérapie par des non-médecins devrait faire appel à une assistance médicale, de même qu'il serait heureux que les médecins apprennent à se faire plus couramment aider par les psychologues.

Mais nous n'avons sans doute touché jusqu'ici que l'aspect superficiel du problème. Un psychothérapeute doit en fait bien souvent plus réussir par sa personnalité et son caractère que par ses connaissances. C'est ainsi que, très généralement, le psychothérapeute ne sera choisi qu'après avoir subi lui-même le traitement psychologique dont il veut acquérir la maîtrise — et donné ainsi l'occasion de juger au mieux de son caractère.

Cette méthode donne sans doute beaucoup plus de garanties que les diplômes. On peut cependant se demander si un système, qui apparaît nécessairement d'une certaine façon comme un système cooptatif, ne présente pas lui aussi certains dangers. Il risque en particulier, par sa nature même, d'immobiliser ou tout au moins de ralentir le progrès des techniques.

C'est à notre avis sans doute dans l'étude de méthodes de détermination objective de l'efficacité thérapeutique que se trouverait la solution préférable. Nous ne pouvons malheureusement pas aborder les nombreux problèmes et les difficultés que soulèveraient la recherche et l'application de telles méthodes.

*
* *

Il n'est pas douteux pour nous que Freud a véritablement livré à la psychothérapie ce qui pouvait lui donner une réalité scientifique : la notion même d'une causalité psychologique. Politzer, qui n'a pas autrement dit beaucoup de bien de la psychanalyse, a en tout cas clairement montré que celle-ci a donné un contenu à la psychologie, qui a cessé d'être un cadre à des exercices verbaux pour devenir un groupe de connaissances techniquement utilisables. De cette façon, et même lorsqu'ils s'opposent sous certains aspects à la psychanalyse freudienne, les grands systèmes psychologiques contemporains, comme, en ce qui nous intéresse, les diverses psychothérapies, sont grandement redevables au travail de Freud.

Mais la puissance d'un système de pensées comme l'évidence de réalisations concrètes ne doivent pas faire oublier les nécessités de la rigueur. Nous avons vu que des problèmes multiples restaient posés, nous avons vu aussi que la psychologie dynamique manquait de « techniques précises d'administration de la preuve ». Il reste ainsi à accomplir un travail véritablement rigoureux, sur le plan expérimental aussi bien que sur le plan théorique. Des

découvertes décisives du point de vue pratique seront du reste peut-être ainsi effectuées.

De toute façon, le présent livre aurait atteint son but s'il avait pu montrer quels importants progrès la psychothérapie venait d'accomplir et quelles possibilités lui apparaissent encore — mais aussi la nécessité de développer des efforts de rigueur, nécessité qui n'a fait que se développer au cours de ces dernières années. S'il avait pu suggérer aussi que des problèmes généraux se profilaient à l'horizon de la psychothérapie.

BIBLIOGRAPHIE

(Ouvrages classés par chapitre)

Henri Baruk, *Précis de psychiatrie*, Masson, 1950.
— *Psychoses et névroses*, P. U. F., « Que sais-je ? », 9e éd., 1968.
Paul Cossa, *Thérapeutique neurologique et psychiatrique*, Masson, 1945.
Oskar Diethelm, *Treatment in psychiatrie*, Charles C. Thomas, 1950.
Paul Guiraud, *Psychiatrie générale*, Le François, 1950.
Pierre Janet, *Les médications psychologiques*, 3 vol., Alcan 1928.
Charles Baudouin, *Suggestion et autosuggestion*, Delachaux & Niestlé, 1938.
— *Qu'est-ce que la suggestion ?*, Forum 1924.
George Montandon, *Technique du traitement de la psychasthénie par la méthode Vittoz*, Baillière, Paris, 1942.
W. R. Dunton, *Prescribing Occupational Therapy*, Charles C. Thomas, 1947.
S. Freud, *Œuvres complètes*. (Une édition française complète est en cours.)
O. Fenichel, *La théorie psychanalytique des névroses*, P. U. F., 2 vol., 1953.
— *Problèmes de technique psychanalytique*, P. U. F., 1953.
S. Nacht, *De la pratique à la théorie psychanalytique*, P. U. F., 2e éd., 1968.
Anna Freud, *Le moi et les mécanismes de défense*, P. U. F., 5e éd., 1969.
J.-C. Filloux, *L'inconscient*, P. U. F., « Que sais-je ? », 10e éd., 1967.
Jolan Jacobi, *La psychologie de C. G. Jung*, Delachaux, 1950.
Adler, *Le empérament nerveux*, Payot, 1926.
W. U. Snyder, The present status of psychotherapie counseliny, *Psyc. Bul.*, 1947, 44, 297-360.
Viktor E. Frankl, *Der Unbewusste Gott* Amandus, 1948.
— *Aerztliche Seelsorge*, Franz Deuticke.
L. Binswanger, *Grundformen und Erkenntis menschlischen Daseius*, Zurich, Max Niehaus, 1942.
Madeleine Rambert, *La vie affective et morale de l'enfant*, Delachaux, 1945.
Robert Desoille, *Le rêve éveillé en psychothérapie*, P. U. F., 1945.
— *Psychanalyse et rêve éveillé dirigé*, Comte-Jacquet, 1950.
M. A. Sechehaye, *La réalisation symbolique*, Hans Huber, Berne.
S. R. Slavson, *An introduction to group therapy*, New-York, Commonwealth Fund, 1943.
J. L. Moreno, *Psychodrama*, Beacon House, 1946.
J. Klapman, *Group psychotherapy ; theorie and practice*, Grune and Stratton, 1946.
Comptes rendus des colloques de la section V du Congrès international de Psychiatrie, Paris, 1950.
J. S. Harsley, *Narco-analysis*, London, Humphrey Milfort, 1943.
R. Bessière et J. Fusswerk, *L'hypno-analyse...*, etc., Masson.
C. Landis, *A statistical evaluation of psychotherapeutic methods*, in L. E. Hinsie, *Concepts and problems of psychotherapy*. Colombia Univ. Press. 1937.
André Berge, *Les psychothérapies*, collection « SUP », P. U. F., 1968.

On se reportera d'autre part aux ouvrages cités dans le corps du texte.

TABLE DES MATIÈRES

Imprimé en France
Imprimerie des Presses Universitaires de France
73, avenue Ronsard, 41100 Vendôme
Mai 1994 — N° 40 420